U0720492

中国近代实业家丛书

丛书主编 ◎ 罗一民

工业先导

范旭东

张守涛 ◎ 著

江苏人民出版社

图书在版编目（CIP）数据

工业先导：范旭东 / 张守涛著. — 南京：江苏人民出版社，2022. 8
（中国近代实业家丛书）
ISBN 978-7-214-27420-5

Ⅰ. ①工… Ⅱ. ①张… Ⅲ. ①范旭东（1883—1945）—传记 Ⅳ. ①K826. 13

中国版本图书馆 CIP 数据核字（2022）第 138697 号

书　　名　工业先导：范旭东
著　　者　张守涛
责任编辑　王翔宇
责任校对　鲁从阳
装帧设计　周　晨
责任监制　王　娟
出版发行　江苏人民出版社
地　　址　南京市湖南路 1 号 A 楼，邮编：210009
照　　排　江苏凤凰制版有限公司
印　　刷　南京新洲印刷有限公司
开　　本　880 毫米×1230 毫米　1/32
印　　张　7.125　插页 4
字　　数　200 千字
版　　次　2022 年 12 月第 1 版
印　　次　2022 年 12 月第 1 次印刷
标准书号　ISBN 978-7-214-27420-5
定　　价　46.00 元

序

江苏凤凰出版传媒集团推出“中国近代实业家丛书”，着重介绍张謇、张之洞、卢作孚、范旭东等人，这是拓展中国近代实业家和中国近代史研究的好事。我衷心希望这套丛书能引起多方面的关注，产生多方面的影响。

向称康乾盛世的大清帝国，到了嘉道年间，实际上已经是落日余晖，回光返照。嘉道年间，从表面上看，基本上还是政局稳定，四海安澜。但害人的鸦片不断进入中国，引起朝野震荡。国人对于鸦片的认识，也是纷纭鼓噪，莫衷一是。许乃济主张实事求是，加以区分，予以引导，即所谓弛禁；邓廷桢等起初赞同此说，但黄爵滋等语调高亢，特别激昂，林则徐等旗帜鲜明，要求除恶务尽，非严禁何以立国？于是乎，禁烟成为当时中央政府的重大抉择。林则徐以湖广总督身份被急调入京，接受咨询，最终被委以重任，以钦差大臣之命南下岭海，这就有了后来的虎门销烟，更有了此后的鸦片战争，也成为中国近代史的开端。天安门广场的人民英雄纪念碑上的第一幅浮雕，就是反映这一重大历史事件的。

以鸦片战争这样的事件开启了近代中国的历史闸门。而当时对鸦片的认识，却相当肤浅，林则徐回答道光皇帝说，是在一种药物里掺杂了乌鸦的肉，故称之为鸦片。由此引发的两次鸦片战争，以及后来的中法战争、甲午中日战争、庚子年八国联军入侵，真真切切使偌大的中国深陷风雨飘摇之中，且不说此后九一八事变之后日本对中国的悍然蹂躏公然践踏，长达十四年。熟读中国近代史的人，大都对太平天国运动、戊戌变法、义和团运动、辛亥革命等特别关注，也对晚清以来的中国究竟该走向何方见仁见智各有解读。面对这样的深陷危机的古老帝国，到底路在何方？怎样才能摆脱几乎要亡国灭种的严峻态势？许多人提出了不少富有建设性的意见、方案，也进行了很多有意义的积极探索。习近平总书记曾说，清代洋务派代表人物之一张之洞，是有改革观念的一个人。清代末年，社会矛盾积重难返，大局变革势在必行，各种观点沸沸扬扬，各种人物粉墨登场，各种议论莫衷一是。张之洞感叹道："旧者因噎而食废，新者歧多而羊亡；旧者不知通，新者不知本。不知通则无应敌制变之术，不知本则有非薄名教之心。"说的就是因把握不好守成和变革的分寸形成共识之难。

我们发现，自鸦片战争以来，一方面是危机日益加深，局势步步糜烂，另一方面，却又有不少人在积极努力，顺应时代潮流，感知世界大势，敏感于地理大发现的今非昔比，洞察到工业革命所带来的地覆天翻，体察到当时中国传统文化已经无力回应西洋文明的磅礴进取之势。他们孜孜以求，或自强求新，或倡扬中体西用，力求拯救这个国家，振兴这个民族。在这样的群体中，有军政人物，有知识分子，有旧式官僚，有民间人士，有商界达人，八仙过海，各显神通。而其中有一批这样的人，尤显突出，他们既可称之为官僚，也可称之为新式知识分子，但又活跃在商界，创办或者推动创办实业，他们有着多重身份但因为在实业上的艰苦实践筚路蓝缕，而成为名之为“实业家”的特定人群。如张之洞，如张謇，如盛宣怀，如卢作孚，如范旭东，如无锡荣家兄弟，等等，薪火相继，生生不息，为这古老帝国创业兴企注入新鲜活力。

机缘巧合，我在江海门户的南通工作有年，对状元实业家张謇逐步有了较多的了解。经过深入细读有关文献，置身濠河两岸多年体察，听不少人研究谈论张謇的种种开拓，日益觉得张南通其人的不简单了不起，深感他的所作所为在当今的现实意义与不朽价值。他在那样的时代，从旧的科举制度的春风得意中毅然转身，登高望远，俯瞰天下，拥有世界眼光，又有切实可行的实业实践，且对改造社会、治理国家有着独到的真知灼见宏伟蓝图，对这样的一代杰出人物，实在是很难随意用贴标签式的简单化来一言以蔽之。通过深入了解张謇，你会发现，晚清以来，张謇、张之洞等对重整河山、民族复兴，并不是简简单单的纸上谈兵大言炎炎，而是务真求实地大展宏图。张謇办纱厂，兴教育，张之洞对他也多有支持。张之洞本属言官清流，但他出京外放到地方工作主政一方之后，切实感受到启发民智的迫在眉睫，切实感受到编练新军的刻不容缓，更切实感受到兴办实业对于振兴国家的至关重要。他从两广总督（一度兼署两江总督）任上到了湖北，就任湖广总督，扎下身子，兢兢业业，抓芦汉铁路建设，抓汉阳铁厂、兵工厂，抓湖北纱厂，耗尽心血，开辟新局。范旭东、卢作孚等或耕耘于化工领域，或尽心于交通运输事业，也都是挺立潮头，为国兴业，诸多事迹，令人感怀。

就张謇、张之洞、范旭东、卢作孚等人，坊间已有不少文本流传。但历史人物常说常新，把这些看似并不搭界的人物置放在一起，是因为新中国的开国领袖曾从近代轻工业、重工业、化工

业、交通业的角度，对他们给予了高度肯定与深切缅怀。前事不忘，后事之师。习近平总书记说，评价一个制度、一种力量是进步还是反动，重要的一点是看它对待历史、文化的态度。根据这样的精神，起意编辑推出这样的一套实业家丛书，希望能够引起读者的注意，激发读者关注实业和近代历史、文化的兴趣，是所愿也。

是为序。

罗一民

2021.10.1

目　录

第一章　创办久大盐厂

一、少年时代

旭日东升，中国像旭日一样东升，这是上世纪无数国人的梦想，也是范旭东一生的梦想。范旭东于1883年10月24日出生于湘阴东乡，湘阴位于湖南湘水之阴故名湘阴。湘阴在近现代人才辈出，左宗棠、郭嵩焘都出生自湘阴。

“先天下之忧而忧，后天下之乐而乐”，范旭东家是书香世家，是北宋名臣范仲淹后裔。范旭东祖父曾任直隶省大兴县县令，但因为官清廉看不惯官场腐败而在晚年辞官回乡。父亲范琛以教书为业，自小便给孩子讲授《三字经》《百家姓》《神童诗》等启蒙读物。母亲谢氏温良贤淑，范旭东还有一个哥哥、姐姐，比范旭东大8岁的哥哥范源濂13岁就考中秀才，姐姐幼名二姑未嫁而亡。范旭东自小和哥哥关系很好，总是等哥哥回家才吃饭，夜里兄弟两人同床共眠。

范家本是小康之家，家有良田几十亩。但1889年湖南大旱导致饥荒饿殍遍野，范旭东祖父、父亲相继去世，范家家境一落千丈一贫如洗。无奈之下，母亲谢氏带着范源濂、范旭东兄弟投奔了长沙的保节堂。保节堂是专门收留贫苦寡妇的慈善机构，虽然在保节堂有所依靠，但保节堂的生活依旧非常清苦。母亲每天从早到晚做针线活给别人缝补衣服，十五六岁的哥哥范源濂也要外出做私塾老师补贴家用。

幸好范旭东姑母也在长沙，在姑母的资助下，范旭东得以进入长沙北乡吴镜蓉馆读书学习。在这家私塾，他广泛阅读了诸子百家及小说、传记、游记等书，能够背诵《三字经》《百家姓》等很多诗文，开始逐渐有了自己的知识、思考。

当时年仅 12 岁的范旭东对所学八股文就已不满，他曾语出惊人地说："八股文章代圣贤立言。我要自立，我有主见，应由我尽量发挥。要我伪装圣贤来说话是不可能的。"[①] 他喜欢偷偷跑到隔壁中西学并重的求贤学院阅读报纸，和那里的同学研讨时事指点江山。他母亲虽然日夜操劳，但对范源濂、范旭东家教甚严，晚上还常常在灯前督促范旭东读书，"太夫人教诲甚严，养成坚毅不挠之个性"[②]。范旭东这种"坚毅不挠之个性"对于他日后历尽艰辛创业成功至关重要。

1894 年，中日甲午战争爆发，中国竟然不敌日本这一"撮尔小国"，很多人开始从"天朝上国"的迷梦中醒来。在康有为、梁启超"公车上书"带动下，全国开始维新变法，强学会等以变法自强为宗旨的团体纷纷创立，《时务报》《国闻报》等宣传维新变法的报刊纷纷创办，各种新式学堂也次第建立。因为湖南巡抚陈宝箴的支持，湖南宣传维新变法最为热烈，维新变法行动也最为切实，南学会及《湘学报》《湘报》等也先后出现，陈宝箴还创建了时务学堂聘请梁启超为总教习。范旭东哥哥范源濂便考入了时务学堂学习，成为梁启超的得意弟子。

范源濂在校半工半读，和蔡锷一起[③]管理学堂事务，将结余下来的钱供给范旭东上学，并经常带《湘报》等进步报刊给范旭东阅读。范旭东虽然年纪还小，但也跟随哥哥范源濂经常进出时务学堂，来往于"新党"之间，接受了很多新潮思想，经历了一

① 任致远：《纪念范旭东先生》，《海王》第 19 年第 2 期，1946 年 10 月 4 日。
② 李金沂：《范公旭东生平事略》，《海王》第 18 年第 17—18 期，1946 年 3 月 20 日。
③ 范源濂和蔡锷一文一武，后来成为梁启超最得意的两个学生。

些维新变法事件，对他眼界大开思想进步很有影响。

后来，范旭东对此回忆道："记得辛亥革命前十几年，清政府曾一度试行新政，他们知道非废八股，设学堂，振兴农工商业不能立国，所以在戊戌维新前后一百天中，一切新政设施，颇为有声有色，应有尽有。清廷严令各省奉行，尽管有些人反帝，但也是有些奉行的。据说各省中间以湖南省为最起劲……他们的新政设施，短期间样样都做了一点，开了一个时务学堂，出版了《湘报》和《湘学报》两种刊物，和民众接触的就是那空前的南学会，实行通俗讲演，梁任公为南学会作序，力言要强中国，首先是上自政府下及士农工商有团结的热情。我还记得几段……"①

范旭东对当时维新变法志士的爱国热情也曾很有感触地说："记得只看见他们坐着摇扇子，仿佛还有一位抽着水烟，这一晃将近五十年过去了，诸位听了，不要笑他们腐旧，要知道那时候，凡是官府出门就要鸣锣清道。排场十足，他们这样不同流俗，降格相从和民众接近，的确是下了最大决心。如果不是真正读通了书，而且有为国为民的心，绝做不到。"②

因为经常进出时务学堂，范旭东也逐渐成为梁启超的"梁粉"，梁启超的思想、言论对范旭东也很有影响。如梁启超所言"敌无日不可以来，国无日不可以亡。数年之后，乡井不知谁氏之藩，眷属不知谁氏之奴，血肉不知谁氏之俎，魂魄不知谁氏之鬼"，让范旭东深为震动。

但维新变法很快失败，慈禧太后发动戊戌政变软禁光绪皇帝，并大肆捕杀维新变法人士。湖南巡抚陈宝箴被以"滥保匪人"名义革职永不叙用，湖南的维新变法人士也被纷纷通缉捉拿，范旭东哥哥范源濂也在被通缉之列，他只好逃到上海避难。

① 范旭东：《人毕竟是人》，《海王》第15年第27期，1943年6月10日。
② 范旭东：《人毕竟是人》，《海王》第15年第27期，1943年6月10日。

因为哥哥是“通缉犯”，范旭东被威胁要拿他抵哥哥的罪。范旭东只好“专心”在吴镜蓉馆学习，埋头读古文又学雕刻和绘画。私塾老师吴镜蓉还让他赴县府应试，以作掩饰。

后来，在上海避难的范源濂收到梁启超的来信，邀请他去日本求学，于是范源濂便东渡日本。1900年八国联军侵华后，国内形势更加危急，梁启超等维新人士决定起兵“勤王”，范源濂随唐才常、蔡锷等回国组织自立军准备起义。但消息不慎走漏，自立军起义被镇压，湖广总督张之洞将唐才常等人逮捕杀害。幸得逃脱的范源濂只能再次东渡日本，为了怕弟弟范旭东被牵连，范源濂决定带范旭东一起赴日。

1901年，茫茫大海上，18岁的范旭东起航前往日本，他的人生也从此正式乘风破浪起航远行。望着江面上挂着各式各样国旗的兵舰和轮船，范旭东心中悲愤地想起梁启超的话：“敌无日不可以来，国无日不可以亡……”①

二、日本求学

初到日本后，范旭东因语言不通，先是到日本清华学校学习日语兼学政治、哲学、数学等其他学科知识。这所学校原系日本高等学校，因得华侨资助而改名为“清华学校”。② 1905年，范旭东考入大学预科学校日本冈山第六高等学堂学习医学。范旭东和当时的鲁迅一样刚开始都认为应该用医药来救治国民，让国民有一个健康的体魄，后来也都发现国民仅有健康的体魄是不够的。

已经成年的范旭东虽然身在海外但心系中国，他改原名“范

① 范旭东：《人毕竟是人》，《海王》第15年第27期，1943年6月10日。

② 清末民初，中国留日学生非常多，在1904年左右留日学生超过万人，其中很多人后来对中国产生重要影响。他们政治上多倾向革命，日本著名教育家松本龟次郎1927年在文章《中华民国留学生教育沿革》中统计道：“今日中国军人中，位居中上将者，有三分之二曾经留学我国”。

源让”为“范锐”，立志锐意进取、救国救民；改原来的字“明俊”为“旭东”，立志像旭日东升般朝气蓬勃。“当时联军入侵，国势垂危，公满腔热血，远走异域，但头脑仍极冷静，分析国内外情况，无不在寻求救国之道”①。

梁启超这时也在日本流亡，他在日本创办了《清议报》《新民丛报》，积极宣传新思想新学说。因为哥哥范源濂是梁启超的高徒，范旭东也常常和哥哥②一起或独自向梁启超请教，梁启超对范旭东也很欣赏、关心，甚至用自己的稿费来接济范旭东的学费。在梁启超的影响下，范旭东编译了《经国美谈》《佳人奇遇》等文章发表在梁启超主编的报纸上，提出废除八股、改革科举、自由办报、奖励科学发明、办工厂等主张。

范旭东还担任了杨笃生创办的《游学译编》月刊编辑，编辑地理类稿件，了解了更多地理知识和世界形势。不仅读万卷书，范旭东还行万里路，他在到日本最初的三四年间游历日本各地，如大阪、熊本、神户、横滨、东京等地，感受日本风土人情，探求日本和中国富强之道。日本经过明治维新励精图治迅速崛起，而中国的出路在哪里？这是范旭东苦苦探寻的问题，他当时常常说：“中国是弱大，日本是小鬼”。

因为范旭东原本身体虚弱，他来到日本后便努力强身健体。他练习武术、游泳，经常骑马在田野间纵横。因为范旭东身材不高，双腿夹住马肚并不容易。有一次他刚骑到马背上就被摔了下来，被送到医院治疗了几个月才痊愈，但之后他还是照样骑马驰骋。他还光着脚板在雪地上行走，“兵操于大森，恒与日人于严冬时，袒裼静坐体育馆中，以锻炼身体”③。此外，范旭东还像蔡

① 李金沂：《范公旭东生平事略》，《海王》第18年第17—18期，1946年3月20日。

② 范源濂先后在东京高等师范学校、日本法政大学法政科学习，与蔡锷、陈天华、黄兴等革命党人为友。

③ 李金沂：《范公旭东生平事略》，《海王》第18年第17—18期，1946年3月20日。

元培等革命党人一样学习制造炸药，准备献身革命。在制造炸药的过程中，范旭东了解到化学进而对化学产生强烈兴趣。

毕业时，范旭东想学习军事来救国，便和平时很器重他的日本冈山第六高等学堂校长酒井佐保商量，不料酒井佐保竟然说："等你学成了，中国早就灭亡了。"范旭东听闻非常气愤，他特意照相立下誓言："我愿从今以后，寡言力行，摄像做立誓之证"，并在照片背面题字："时方中原不靖，安危一发，为感而记此，男儿，男儿，其勿忘之"。他也因此"盖本洞烛日本处心积虑以谋亡我，至是救国之心志益坚，后以造兵非根本之计，乃决定循工业救国之途，而以化学为出发点"。①

范旭东当时所照相片（张能远供图）

范旭东发现日本强盛和工业发展关系密切，因此开始立志"工业救国"。当时梁启超也主张渐进式变革，要重视国家的基础性建设，日本报纸也在竭力宣传德国利用诺威水力电造硝石取氮，这些对范旭东的人生选择应该也有影响。

1908 年，范旭东考入京都帝国大学理学院学习应用化学，广泛深入学习了解了化学，为他将来创办中国化学工业奠定了知识基础。因为他埋头读书，不参加各种社交活动，同学们都对他很

---

① 李金沂：《范公旭东生平事略》，《海王》第 18 年第 17—18 期，1946 年 3 月 20 日。

敬畏而称他为“怪人”。系主任近重真澄对范旭东也非常器重，近重真澄对古代合金很有研究，范旭东对中国古代冶金的研究颇得他的好评。毕业时，近重真澄推荐范旭东留校担任助教。

经哥哥范源濂介绍，范旭东此时与许馥相识相恋。许馥又名许馨若，也是湖南人，出身长沙望族，比范旭东小一岁，1905 年就读于东京青山实践女校附设师范班，是第一批来日留学的中国女生。她与范旭东一见钟情情投意合，从此相伴终生。

范旭东和夫人许馥

工作如意，爱情甜蜜，范旭东当时生活非常舒适，但 1911 年辛亥革命爆发，国内形势巨变，范旭东得知后非常兴奋，立即决定辞职回国报效祖国。三十多年后，他对此撰文回忆说：“辛亥革命，激动了年轻人的感情，不由得热血沸腾，当时我在日本京都帝国大学做研究工作，早出晚归，生活非常舒适，国内还在激变，一天一个说法，实在叫人难受，趁冬假得暇赶回中国……”① 但回国后，范旭东的热血很快就被泼了凉水。

① 范旭东：《久大第一个三十年》，《海王》第 17 年第 2 期，1944 年 9 月 30 日。

三、回国初期

1912年，时隔12年后，范旭东再次踏上国土。12年前离开祖国时，风雨如晦山河破碎，范旭东刚刚成年乳臭未干。而今，革命成功形势大好，范旭东也满腹才学踌躇满志。

回国后，范旭东和母亲、哥哥在北京一起居住，哥哥范源濂此时已任中华民国临时政府教育次长，梁启超也已回国组织政党准备竞选而炙手可热，他们推荐范旭东到财政部任职。范旭东于是担任了天津造币厂总稽核，“掌造币厂化学分析事”，貌似也是专业对口，但主要工作其实是化验当时铸造的银元是否合格，化验标准是每枚银元重量为七钱二分，纯银含量为96%。

范旭东对他的这个国内第一份工作颇为认真负责，先后到各地造币厂检验银元。他发现各地造币厂铸造的银元竟然统统不合格，纯银含量都不足，有些银元纯银含量甚至只有80%。该银元因印有袁世凯头像被称为“袁大头”，“袁大头”真“冤大头”也①。经过调查，范旭东发现银元不合格的原因也很简单，即造币厂上下串通偷工减料，降低银的含量而从中牟利。

对此，范旭东非常愤怒，他针对问题提出整改方案，要求将不合格的银元回炉再造，并计划建立新的造币厂以及改革造币厂管理方式。范旭东的方案、计划很快遭到各方反对，范旭东又尝试和友人创办大振镕冠公司，自主研究制造溶银坩埚，也很快失败。范旭东对此感慨道：“多见多闻，胜读死书万卷。本来‘币’‘弊’有何不同，无须太认真，仅为多事，我又多受了一番教训……”② 即是说，“币”和“弊”的问题本质上是相同的，太认真便是多事了，他又长了一番教训。

---

① 该“袁大头”虽然含银量不足，但在当时已是含银量最高的了，因此在1949年之前一直是最受欢迎的硬通货币。

② 范旭东：《久大第一个三十年》，《海王》第17年第2期，1944年9月30日。

这两个月的官场生活，让范旭东“胜读死书万卷”，见识到了官场腐朽，让他对官场从此厌恶。范旭东愤而辞去了每月三百银元的“铁饭碗”，对友人感叹道：“我一次就饱尝了官场腐朽的滋味，这样也好，使我另辟途径，自谋出路。”①

官场腐朽，人生茫茫，出路何在？范旭东意识到国事并不是他原来想的那么简单，他打定主意想再出国深造，可如何筹集出国费用呢？这时，他意外得知一个消息，财政部要派人到欧洲考察盐专卖法和盐场制盐设备，需要懂技术的人随行。范旭东自然懂技术，又有出国经历，以前还在财政部工作过，再加上他哥哥范源濂现在已升为教育总长，所以这次出国考察非范旭东莫属，还特许范旭东考察完可以继续留在国外求学。

范旭东一行四人在欧洲考察近一年，考察了欧洲各国的矿盐产地和沿海盐场。在考察中，范旭东发现西方已开始大规模机器生产精盐，允许食盐自由买卖，规定盐中氯化钠成分不得低于85%，并发现西方的盐除了食用外还可以作为化工原料来制碱。而中国制盐还处在手工作坊阶段，盐质差、不干净，且盐的销售被垄断，盐也只作为食用没有其他用途，盐中氯化钠成分常常不足50%。

范旭东还考察了欧洲当时制碱的方法，但提出参观制碱公司的要求都被拒绝，好不容易进了当时著名的制碱公司卜内门公司却只参观了一个锅炉房。范旭东又气又恼，更加坚定了他“工业救国”的想法。考察结束后，范旭东写了一份详尽的考察报告提交给财政部，提出“取消专商，废除引案，改良盐产，统一税率”“特殊奖励工业用盐”“工业用盐无税”等改革盐政主张。

提交完报告后，范旭东开始补习功课，准备去德国留学，但

① 章执中：《爱国实业家范旭东》，《化工先导范旭东》，中国文史出版社，1987年，第18页。

不久他接到财政部发来的急电，说是政府为了改良盐质要建造一个新式盐厂，请他速速回国负责筹办。范旭东以为自己改革盐政的主张就要实施，终于可以大展宏图“工业救国”了，因此打点行装立刻启程回国。在途径新加坡时，他还特意下船去爪哇参观将海盐压成盐砖的机器设备。

可范旭东的心愿又一次落空，船到上海后，在上海的哥哥范源濂告诉他“二次革命”爆发，国内形势大变，他自己已辞职，财政总长等也都换人了，不要存有太多幻想了。范旭东不甘心，也顾不得去杭州和母亲、妻子团聚，而仍旧兴冲冲地来到财政部。新任的财政总长等人对范旭东虽然表面也很热情，但对创办新式盐厂的计划却顾左右而言他。每月三百大洋的薪水照给，“等等再说”，范旭东等来等去终于得知内幕消息，原来袁世凯政府与五国银行团签的“善后大借款”[①] 中指定用来改良盐务的700万专款早就挪作他用。其实这700万专款当初说用来改良盐务本就是袁世凯政府用以借款的幌子，以平息用盐税做借款担保引发的众怒。

“老朋友们，比我熟习世情，苦口劝我，不要再存妄想。要办工业，自己招股，自己动起手来，否则，安安心心领着公俸混下去，不用着急。这种好意，我当然拜受，而且十分了解；到这般地步，的确，也非下决心不可，我终于辞去职务，离开政治中心北京，找自己的路走了”[②]，范旭东决定自力更生自办盐厂，他的“工业救国”大幕终于要正式开启了。

四、兴办盐厂

范旭东为何要兴办盐厂呢？这要从盐的历史和现状说起，盐

① 1912年，袁世凯出任民国总统后，国库空虚，财政总长周学熙与英国汇丰、德国德华等银行签订《善后借款协议》，借款2500万元，以全国盐税为抵押，实际借款不到2100万，利息却高达4285万英镑，史称“善后大街款”，是中国一大痛史。

② 范旭东：《久大第一个三十年》，《海王》第17年第2期，1944年9月30日。

自古是必需品，被称为“百味之王”。何谓盐呢？《说文解字》中对“盐”解释为：卤也。即天生曰卤，人生曰盐，人力将卤水晒干后即为盐。“中国盐业，发源最古。在昔神农时代，夙沙初作，煮海为盐，世称盐宗。”①

将海水煮成盐是中国最原始的制盐方法，但用海水煮盐非常耗费人力物力，盐工们要清理泥沙汲取海水，煮盐要消耗大量木柴。北宋时期，陈应功发明了晒盐法，将海水暴晒得盐，既节约成本，又可大量生产。此后，晒盐法成为中国主要的制盐方法，陈应功因此被后人尊为“盐神”。但晒盐法得到的盐也很粗劣，被称为“脏盐”，甚至掺有很多土，中国人因此被当时外国人称为“食土民族”。吃这种盐很容易生各种疾病，且这种盐也不能用作其他用途，氯化钠含量也很低，盐工工作非常辛苦。而范旭东在国外考察盐厂的经历，让他意识到中国与国外盐业的差距，意识到应该创办新式盐厂，让国人吃上自己生产的精盐。

范旭东的想法也得到很多人的支持，如获得《盐政杂志》主笔景韬白的支持，《盐政杂志》由张謇组织的盐政讨论会发行。景韬白也认为应当改革盐务，尤其是废除所谓“引岸”制。景韬白邀请范旭东长谈，两人志同道合引为知己。

当时，景韬白主笔的《盐政杂志》正和守旧派主编的《谈盐丛刊》论战，《谈盐丛刊》反对盐务改革维护“引岸”制②。范旭东对这次论战很关注，他后来说：“民国初年，民间有一些热心盐政改革的人们，发动舆论，旗鼓堂堂和恶势力作斗争，这盛况，后来变成绝响。张季直（张謇）先生在北京组织盐政讨论会，发行‘盐政杂志’，主张废除引岸，就地征税，针对‘商专卖’痛下针砭。主干景本白（韬白）先生，笔锋犀利，通责引

① 柴继光：《中国盐文化》，新华出版社 1991 年，第 88 页。

② 自秦汉起，售盐基本上由政府专营垄断。“引岸制”由清朝曾国藩开创一直延续到民国，即官方把食盐的运销特权转让给大盐商，大盐商持有官方发给的引票在制定地区卖盐。

制，祸国害民；所谓‘盐商’本底子是‘差役’，不够商人资格，应当斥革，使对抗的‘谈盐丛刊’黯淡无光。”①

范旭东还得到当时财政总长张弧的支持，张弧问范旭东：“咱们自己办一个精盐工厂如何?”范旭东当即回答道：“我们能够办到”。当然，范源濂、梁启超对范旭东办精盐工厂也非常支持。这些人的支持再加上他对政府创办新式盐厂的失望以及“工业救国”的夙愿，让范旭东坚定了自己创办新式盐厂的决心，“大时代不容苟安，我等有负起担子的必要，力所能及，不可放松。要争气就靠这个时候，办工业振兴我们的民族”②。

1913 年冬的一天，雪花飞舞，狂风呼啸，31 岁的范旭东来到天津塘沽考察盐场。塘沽自古盛产盐，是中国大型海盐盐场之一。该地通过暴晒海水得盐，且制作风车利用海风使海水进入盐田，因此产盐量很大，很多盐田的盐甚至像小山一样堆积。白花花的盐碱地一片片，盐碱地上寸草不生，盐田上的水车挂着片片轻帆随风而动。附近只有几个破乱的渔村，路上行人稀少，花花绿绿的洋货广告和各式各样的外国国旗则到处都是。

在当地一个叫张谦的跛脚孩子引导下，范旭东来到村民家里了解盐工生活。原来此地虽然盐产量丰富，却因为盐商、官方的层层剥削，盐工们生活非常穷苦，当地有歌谣唱道：“天阴了，咱心里有事睡不着；打闪了，咱看见盐坨揪心窝；雷响了，咱赶快爬起奔坨地；下雨了，咱快马加鞭苫大坨；吃饭了，咱盐工还是没有辙”③。而且，当地还有很多小锅小灶煮盐的小作坊。

范旭东还了解到塘沽地理位置优越，铁路、海运等交通便捷，且靠近唐山煤矿，是办厂的合适厂址。在附近一家渔村住下

① 范旭东：《久大第一个三十年》，《海王》第 17 年第 2 期，1944 年 9 月 30 日。
② 天津碱厂志编修委员会：《天津碱厂》，天津人民出版社，1992 年，第 483 页。
③ 帅俊山、张鸿敏：《范旭东传——化学工业的先驱》，湖北人民出版社，2007 年，第 23 页。

后，范旭东开始试验通过当地粗盐提炼精盐。经过几天努力，提炼精盐试验成功了，当地村民第一次见到如此雪白的精盐非常惊喜。“白花花的盐，黑黝黝的煤”，让范旭东决定就在塘沽兴建盐厂。

选址、技术问题都解决了，下一步建厂最关键的就是资金问题了。1914 年 11 月底，范旭东等召开建厂第一次筹备会，范旭东、景韬白等七人作为发起人，梁启超、范源濂等人作为赞助人，会上决定共筹集 5 万元启动资金，其中范旭东负责筹集 2.5 万元。有很多人对此予以支持，范旭东后来回忆道：“许多同志，都尽力解囊相助，多的两千元，少的一百元，对我表示期许。梁任公先生住在天津，每次见面，必问：招了多少股？有时援笔伸纸，亲自列数计算，这种热情，历历如在目前”[①]。但因为当时商业风气未开，范旭东招募资金并不容易，他每天起床第一件事就是打电话给那些认股了的股东催款，然后他自己按照远近去逐一收取，“像收电灯费似的”。看冷脸、受闷气、站下房……有时范旭东不好意思进门收钱，便站在门房等许久，最后还是决定下回再去。

到 1915 年 3 月 21 日召开第四次筹备会议时，公司才筹募资金 3.3 万元。1915 年 4 月 18 日，公司召开第一次股东会议，共实收股金 4.11 万元[②]，选举景韬白为董事长、范旭东为总经理，制定了公司组织章程，范旭东提出“公司行为务求明朗、公正”。梁启超在会上提出不分股息只按照章程分红[③]的意见也获得股东认可，保证了公司积累资金得以长远发展。

---

① 范旭东：《久大第一个三十年》，《海王》第 17 年第 2 期，1944 年 9 月30 日。

② 久大股东包括蔡锷、黎元洪、冯玉祥、曹锟等一百多人，其中蔡锷先后共投入股金十万元。

③ 开业后两年间，久大股东分得相当于股金两到三成的红利，这在当时是很不错的收益，从而久大赢得了股东的支持。当时多数企业的股份要分股息，相当于贷款给公司收利息，因此拖垮了很多企业。

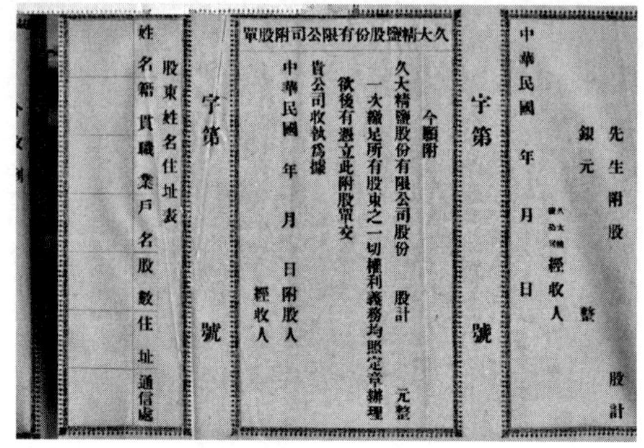
先生附股　股計
銀元　整
經收人
中華民國　年　月　日

第　字　號

久大精鹽股份有限公司附股單
今願附
久大精鹽股份有限公司股份　股計　元整
一次繳足所有股東之一切權利義務均照定章辦理
欲後有憑立此附股單交
貴公司收執爲據
中華民國　年　月　日附股人
經收人

第　字　號

股東姓名住址表
姓名　籍貫　職業　戶名　股數　住址　通信處

久大精盐公司第一期股票单

资金问题终于基本解决了，公司名字也起好了，公司命名为“久大”寓意长久壮大，最后一步就是建厂审批了。久大公司于1914年7月就开始申请批准，负责审批的盐务署刚开始对范旭东建厂一拖二等三刁难，要求范旭东出示各种材料。经过几番来回，在梁启超、范源濂等高官压力下，盐务署终于在1915年12月批准许可了久大建厂，“该公司创制精盐，事关改良制造，苦心经营，自应准予立案”[①]，并规定久大公司方圆百里以内不得另设其他盐厂。久大公司终于可以产盐了，但这只是它迈出艰难创业的第一步，后面的困难还很多很多。

在久大创办的同年，留学美国获得硕士学位的穆藕初也集资20万创办了德大纱厂，后来成为“棉纱大王”。穆藕初和范旭东“他们一南一北，一个在上海，一个在天津，几乎同时登场，这是‘海归’的身影最初出现在实业舞台上，标志着受过国外专业教育的一代新型企业家开始进入历史的视野。他们将创办企业作

① 赵津主编：《“永久黄”团体档案汇编——久大精盐公司专辑》，天津人民出版社，2010年，第6页。

为自己安身立命之本，其中的寓意是难以估量的”①。可以说，他们是中国真正意义上的第一代企业家，也因为他们，中国20世纪工商业的“黄金时期”② 正式开启，我们今天不该遗忘他们。

五、和旧盐商斗争

范旭东再次来到塘沽，买下了那里的一个煮盐小作坊，这样便有了粗盐的来源，然后又买了十六亩土地作为建筑用地，于1915年6月开始破土动工建设盐厂，范旭东称之为中国的化学工业开辟“耶路撒冷”。他亲自前往日本购买机器设备，亲自监督厂房施工、设备安装，和工人们一起吃住，他既是公司经理又是当时公司唯一的技师。范旭东又招募了一批具有制盐经验的盐工，严格筛选亲加培训，把上次那个给他带路的张谦也找来安排他做了盐厂工人。

1915年10月30日，久大精盐工厂设备安装完毕，12月7日正式投产。“久大制造精盐是将粗盐融化、沉静，再用平锅熬煎使盐重结晶而得盐，这是在中国制盐史上首创使用平锅，从而掀开了中国制盐技术史上崭新的一页。其生产出的精盐品质纯净、色泽洁白，广受欢迎，这使中国食用盐质的改良获得空前成功。自此，中国人民以粗盐、脏盐为食的时代行将结束。”③

① 傅国涌：《民国商人》，中国友谊出版公司，2016年，第10页。

② 因为“一战”爆发外国企业在华生意受到很大影响，以及当时中央集权“真空”，中国民办企业从1914年开始进入了持续7年的“黄金时期”，如棉纺织业资本额从1913年的1423万元增至1921年的9842万元，面粉业资本额从1913年885万增至1921年3257万元，卷烟业资本额从1913年138万元增至1921年1680万元。也有一说此“黄金时期”从1911年持续到1927年，据美国经济学家托马斯·罗斯基计算，1921—1927年中国工业平均增长率高达15%，领先世界各国。

③ 陈韶文、李祉川：《中国化学工业的先驱：范旭东、侯德榜传》，南开大学出版社，2021年，第20页。

久大精盐及其商标“海王星”

久大生产的盐，品质纯净，色泽洁白，氯化钠含量高达90%以上。久大将其取名为“海王星”，商标为五角形的海王星。之所以取名为“海王星”，一方面是因为海王星在天空中循环运行生生不息，寓意久大自强不息；另一方面是因为自古将做盐生意的人称为“海王”，《管子·海王》中有云：“海王，言以负海之利，而王其业”。从此，久大五角形的“海王星”闪耀神州大地，成为中国驰名商标。

精盐终于生产出来了，可如何销售也是个大问题。当时售盐施行的还是“引岸制”，各地售盐都被盐商垄断专卖，私自卖盐是违法行为要受到严惩。据《清盐法志》规定：“凡盐场灶丁人等，私挟私卖盐的，绞死；凡偷卖官盐的，一两以上至一斤，买卖人各打六十大棍；十斤以上不计多少，各打脊背二十大棍，然后处死……”

久大生产的盐只被允许在天津东马路的一个小店内销售，小店内的大货柜是范旭东在南开大学旧货摊花三块大洋买来的，大货柜上摆满了用绿色玻璃杯装的精盐。范旭东还亲自带人将精盐免费送给天津市民打广告，以及发动各种关系跑客户。久大的精盐虽然受到当地民众热烈欢迎，但一个小店能卖多少盐呢，很多人尤其是旧盐商都在等着看久大的笑话，甚至嘲讽道：“久大久大，不久不大；子时建厂，丑时就垮”，又诅咒“海王星”：“海王海王，不吉不祥；海王海王，迟早要亡”。

如何拓展久大精盐的销路，尤其是如何突破“引案制”的封锁？范旭东回到北京与景韬白等人商量，想到一个绝妙方法。范旭东找到旧交杨度，请他加盟作为久大股东，杨度于情于利都没有推辞的理由便当即答应。既然成了久大的股东就应当为久大办事，杨度当时作为“筹安六君子”之一正是总统袁世凯的大红人，于是杨度拿了两瓶久大生产的精盐请袁世凯品尝品尝。一向比较支持实业的袁世凯对久大精盐赞不绝口，一高兴就将湘、鄂、皖、赣等四个长江流域通商口案售盐权给了久大，久大一下子因此而打开了局面。但这四个长江流域通商口岸的盐商们不愿意代售久大精盐，以阻止久大精盐进入他们的势力范围。久大只好在汉口、九江等通商口岸自行设立店铺，自产自销久大精盐，第一年就获利50万元。

销售问题好歹解决了，可不久久大又遇到原料问题。“天下富，归盐商”，世代吃盐饭因而有钱有势的旧盐商看到久大精盐广受欢迎，他们自己生产的粗盐销量不断下降自然吃惊、恼火，如范旭东后来所说：“二十年前的中国食盐界，是多么的宁静，盈千累万的寄生虫，衣之食之，惬意到万分；久大精盐忽然凭空创造出来，那班世袭吃盐饭的朋友们，着实受惊不小”[①]。他们也想到了一个绝妙办法，来个釜底抽薪停止向久大供应粗盐，让久大没有原料可用看你奈何。范旭东对此的确很是无奈，幸好代售久大精盐的盐商得知情况后出手相助提供粗盐，他们从代售久大精盐中赚了很多钱，自然不愿意断了财路。

旧盐商一计不成再生一计，他们联合起来要求官方出面限制久大，否则他们就不缴纳盐税了。盐税自古是财政的一大来源，甚至“盐税为财政生死问题”，盐商因此有钱也有势。传说，乾

① 范旭东：《久大二十周年纪念述怀》，《海王》第7年第31期，1935年7月20日。

隆下江南时，有盐商专门建了个亭子“龙须亭”供奉乾隆掉落的胡须，乾隆因此龙颜大悦对沿途盐商一律封官加爵。这虽然是个传说，但也可见中国盐商依附权力而势力庞大。

对于旧盐商的威胁，官方不敢怠慢，久大于是处处受到掣肘，盐仓顶上的招牌字写大了就“有碍观瞻”必须挖去缩小，扫盐滩的扫把只能用来扫盐池如果用在别处就要受申斥。当地的盐商公会头头甚至不准制盐的灶户供给久大原盐，幸好当地有灶户李少堂将自备的盐滩 10 副及房屋设备以 10 万元售给久大，久大一下子有了盐田 2000 余亩，有了自给自足的原料了，终于得以站稳脚跟。

而湘、鄂、皖、赣等四个长江流域口案的旧盐商也不甘罢休，“久大精盐闯进长江流域，这是中国盐政史上破天荒的事件，立即引起口岸淮商的极大不满。他们全力对抗，并勾结地方驻军以筹措军饷、预借税款等手段，威胁久大。范旭东奋力策划经营，南北奔波，备尝创业之艰辛，终于战胜淮商”①。如旧盐商纷纷降低粗盐价格且改良盐质，而久大则推出一元一袋的布袋盐相对抗。

但范旭东和旧盐商的斗争还远远没有结束。1916 年 6 月 6 日袁世凯去世，黎元洪继任大总统，梁启超则出任北洋政府的财政总长兼盐务署督办。梁启超一直对范旭东建厂非常支持，他告诉范旭东一个内幕消息，湖南湖北两湖区域正闹盐荒，建议久大到两湖区域售盐。范旭东兴冲冲地来到汉口，却发现湖南湖北两省议会在旧盐商的鼓动下禁止久大在两湖售盐。

如何克服这一困难？范旭东想到既然旧盐商可以联合，为什么新盐商就不能联合呢？“团结就是力量”，于是，他组织了两湖

① 张高峰：《苦海盐边创业纪实》，《化工先导范旭东》，中国文史出版社，1987 年，第 18 页。

领域的十八家精盐商号联合起来组成了“精盐联营”公会。在该精盐联营公会的推动下，湖南湖北两省议会终于同意了“北盐南运”。满载久大精盐的轮船终于驶进了长江口，范旭东兴奋得在南京沿江大饭店楼顶放起了鞭炮，以示庆祝。

1920 年，范旭东哥哥范源濂再任教育总长，范旭东借势再接再厉在九江组织了“九江精盐公会”，打算进军淮南。淮南的旧盐商也不甘示弱组织了“淮南公所”和“九江精盐公会”对着干，甚至组织人马查禁久大精盐。当地的赣北镇守使吴金彪听说此事后很是头疼，一方是当地的地头蛇，一方是有财政总长梁启超、教育总长范源濂支持的“强龙”，该如何应对双方呢？他绞尽脑汁想到一个妙计，让弟弟吴朗山组织了一个精盐查运所，名义上是查禁精盐，实际上是暗中保护久大精盐销售，这样便双方都不得罪了。

淮南的旧盐商对此“哑巴吃黄连——有苦说不出”，只好自己组织缉私队禁止当地百姓购买久大精盐，双方冲突频繁。经过范旭东不断交涉，最后当地议会规定百姓购买精盐以 20 袋为限。这个规定实际上有利于久大公司，因为这个规定很难严格执行，不好统计百姓到底购买了多少袋精盐。

久大公司和旧盐商的冲突在北京、长芦、济南等地方不断发生。如南京旧盐商向盐务署指控久大公司在南京城内销售为“越界销售”，他们认为南京城内不属于通商口岸，当时盐务署规定精盐只能在通商口岸销售，而盐务署则认为南京城内属于广义上的通商口岸因而允许久大在南京城内售盐。但盐务署却不认为苏州城内是通商口岸而不允许久大在苏州城内售盐，南京的旧盐商得知后起诉到处理行政事务的平政院。平政院最终判决南京城内也不属于通商口岸，因而不允许久大公司在南京城内售盐，并且对久大精盐进行限额生产，导致此后几年久大公司精盐产量难以增加。直到 1922 年 6 月，盐务署颁布新规定，允许久大产盐没有

限额。

为了方便运输，久大精盐一直使用麻袋包装，旧盐商又攻击久大公司用麻袋装盐容易夹带私盐，因此盐务署规定只能用纸包或瓶装久大精盐，可轮船公司又不同意久大精盐用纸包或瓶装运输。久大公司左右为难，甚至还有久大精盐被借口用麻袋装盐而被扣留。久大公司多方交涉，乃至将其上诉到平政院，最后经过梁启超、黎元洪等人出面协调，直到1922年11月盐务署才允许久大用麻袋装盐运输。

对于和旧盐商的冲突，久大唯有"忍耐和含默，认定目标，拼命前进"，范旭东后来感慨地说："新旧冲突，在我个人不愿意有，情肯为打开新局面拼命，懒得和腐旧的撕缠"[①]。可是新事物的产生往往会危及旧事物，旧事物为了自己的生存便常常和新事物拼命撕缠，这从久大公司和旧盐商的不断冲突可见一斑，也可见新事物的发展何其不易，让今天的我们也不禁唏嘘不已。

六、与洋盐商竞争

久大公司不仅要与旧盐商斗争，还要和洋盐商斗争[②]，因为久大精盐也动了洋盐商的"奶酪"。久大生产精盐之前中国没有本土的精盐，国内销售的都是国外生产的精盐。久大精盐与外国精盐相比质量不低而价格很低，随着久大精盐销售份额的不断增加，势必与国外精盐形成竞争，洋盐商自然也不会善罢甘休。有日商在报纸上散布"海王星"精盐有毒的谣言，甚至英国驻华公使企图用军舰封锁天津港，阻止久大运盐船出港。

但洋盐商直接出马与久大正面交锋并不多，毕竟久大在本土

---

① 范旭东：《久大第一个三十年》，《海王》第17年第2期，1944年9月30日。

② 当时，在几乎所有的重要产业领域中，中外企业竞争都非常激烈，尤其是和日本企业竞争激烈，如棉纺市场上张謇、荣家兄弟对手是日本多家棉纺株式会社，钢铁市场上汉阳铁厂与日本南满株式会社激烈厮杀，和范旭东并称"南吴北范"的吴蕴初生产的"味精"与日本铃木商社的"味之素"的竞争。

销售自己生产的精盐名正言顺，他们更多地是与旧盐商勾结，躲在他们后面"放冷箭"。当久大与旧盐商"厮杀"激烈时，洋盐商打着"调停"的名义在北京英文报纸上发文"调停精粗盐之冲突"，主张将精盐销售限制在通商口岸。他们说得很好听，"你们别打了，把我的地盘让出来给你卖精盐，还不行?"实际上他们觊觎的是中国广大内地的精盐市场。

结果，盐务署中了洋盐商的"奸计"，规定久大精盐只能在通商口岸销售，还规定久大精盐只能"年产万吨"。洋盐商取得胜利后继续攻击，在他们鼓动下，英国驻华公使会同盐务署稽核所英籍会办韦礼敦把久大公司在长芦的盐坨给封了，直接把久大的"老窝"给端了，幸亏久大已久已大早就有了其他"新家"。

久大对洋盐商展开反击，也打算直接端掉他们的"老窝"。久大董事长景韬白在自己主笔的《盐政杂志》上揭露盐务署稽核所[①]由英国人担任会办是丧权辱国，呼吁直接撤销盐务署稽核所这个"年糜三百七十万，供养丧失国权之机关"[②]。不久"五卅运动"爆发，全国掀起反帝爱国热潮，景韬白趁势发文《请看英人摧残国货毒辣手段》，盐务署稽核所在社会压力下从此不敢再打压久大公司。

久大公司还直接和日本盐商在青岛展开正面交锋。1918 年"一战"结束后，中国作为战胜国根据华盛顿会议上签署的公约将收回日本在山东的各项权利，包括日本在青岛建设的六万多亩盐田及 19 所盐场。日本因为是岛国，需要进口大量的盐，所以虽然迫于国际压力同意归还在青岛的盐田、盐场，但并不甘心白白归还。首先，日本要求中国要保障日本对盐的需求，每年供给

① 清朝政府及此后的北洋政府将盐税、关税作为战败赔款，列强为了监督盐税税收，成立盐务署稽核所，该稽核所会办均有外国人担任，控制盐税交税实权，所收盐税都存入外国银行，其中尤以英国人担任稽核所会办居多，盐税也大多存入英国汇丰银行。

② 徐盈：《范旭东及"永久黄"工业团体发展小史》，《天津文史资料选辑》23 辑，天津人民出版社，1983 年，第 40 页。

日本用盐 25 万吨，而盐价、税率则必须极低；其次，日本在青岛的盐场、盐田必须由中国赎买，最初给出的赎买价格是 1000 万，经过与中方几番讨价还价，最终赎买价格为 300 万。

300 万也不是个小数目，当时北洋政府无力支付而想到招标购买。久大作为国内首家精盐生产公司当仁不让，范旭东认为此举于国于久大都很有利，但久大也一时拿不出 300 万，于是范旭东联合青岛的盐商组建了永裕盐业公司来投标。本来这应该是十拿九稳的事，不料中标者却是一个突然冒出来不知名的徐姓盐商。范旭东经过调查，打探到这个徐姓盐商原来是日本人在背后资助。经过范旭东揭发后此次中标无效，盐务署最终签署协议将日本在青岛的盐场卖给永裕公司，永裕公司每年交款 20 万 15 年缴清 300 万。

但日本人并不甘愿就此罢休，在北京颇有影响的中日实业公司暗使伎俩，通过盐务署取得了向日本工业用盐输出权，而根据永裕公司与盐务署的协议，这工业用盐输出权本来也属于永裕公司。范旭东得知此消息气得鼻子出血达半盂之多，根据协议他据理力争才挽回了工业用盐输出权。

日方对中日盐务协定也是屡屡刁难，“日人不甘放弃已得之权利，遂勾结贪官污吏，及地方土劣，多方阻挠，暴动捣毁，不一而足”①。1923 年 10 月，日方煽动当地旧盐商和地痞流氓一面通电说“永裕勾结日商垄断盐业”，一面又对永裕股东胶东铺面捣乱，1923 年 12 月 25 日甚至放火烧了永裕股东的住宅逼他们退股。后来，日本又称永裕公司性质不明，为此永裕改为股份有限公司，久大在永裕占有过半股份。1924 年 7 月 12 日，永裕在青岛开股东大会时，一伙暴徒突然来袭将会场掠夺一空，还将有些股东打伤。原订于 1924 年 12 月 20 日的签字拖到 1925 年 2 月 12

① 李金沂：《范公旭东生平事略》，《海王》，第 18 年第 17—19 期，1946 年 3 月 20 日。

日才最终签署，永裕公司才最终取得了青岛盐厂和日本供盐专属权，每年供给日本 300 万担精盐。后来又拖到同年 6 月 1 日永裕才首次和日本专卖局成交，到次年 4 月政府才正式公布此输出精盐协定。

对于这来之不易的结果，范旭东感慨地说："国际间由于盐的争夺，最明显莫过于青岛盐业，这一次久大不仅躬逢其盛，而且为中国争了一口气……在国际间打了这一仗，保护了国家主权，未辱使命，是值得我们骄傲的"。

而这只是范旭东与外国商人激烈竞争的开始，也是永裕艰难前行的开始。后来日本专卖局虽然也颁发了购买永裕粗盐的命令，但因为价格问题输出受阻。永裕空耗数年，最后不得不将粗盐运至湖北、河南、安徽等地①，才使得永裕站稳市场。即便如此，因为日本专卖局从未完成协定中的最低购盐数量一万万斤，再加上税率变化及工业用盐输出价格由日本任意制定等原因，永裕"应得而未能实收利益，照中日协定最低限度，八年共计亦不下百万余元"②。范旭东对此感叹道："民生国计所关至切，而公司十余年来股东忍痛经营，当是为国撑持之热枕。"③

七、与军阀周旋

除了应对旧盐商洋盐商的攻击，范旭东及其久大公司还要与官府斗与军阀斗。首先，如上所述是与主管部门盐务署尤其是盐务署稽核所的种种斗争，范旭东后来回忆道："盐务稽核所成立，在印度吃盐饭的人们都移到了北京。丁恩之流，声势赫灼，驾财政总长而上之。无耻官僚，为通融些许政费，取悦军阀，不惜曲

① 据章执中回忆："据我父亲说，在 1927 年上半年，大约运销青盐近三十万担，基本上补充了因受战争影响而在市场上出现的食盐短缺，对支持北伐战争起了一定的作用"。

② 天津渤化永利化工股份有限公司：《范旭东文稿》，2014 年，第 92 页。

③ 天津渤化永利化工股份有限公司：《范旭东文稿》，2014 年，第 92 页。

意奉承!”[①]

袁世凯虽然对久大公司有恩，但范旭东后来也反对袁世凯称帝。梁启超那篇著名的《异哉所谓国体问题者》就是由范旭东秘密送给哥哥范源濂，当时任中华书局[②]总编辑的范源濂将其发表在《中华杂志》上，对袁世凯称帝灰飞烟灭起到了重要作用。梁启超离津抵沪后，范旭东成为梁启超与其天津家属联系的中介，常常帮代转信件、款项等。据说，蔡锷瞒过袁世凯从北京南下举旗反袁，正是范旭东给买的车票，范旭东曾跟随蔡锷练习骑马[③]关系密切。范旭东后来还写道：“乃北京群小，张脉偾兴，咒诅中国不够共和，鼓吹帝制，袁世凯抓住这种心理，又乐得利用，卒至演出天与人归那一幕，极尽人世丑态，把国事当做儿戏。”[④]

地方政府也常常敲诈勒索久大公司，如1922年江西“劝令久大公司购认公债券四十万元”[⑤]；1923年长沙县向久大公司“借款”，“查贵公司资本雄厚，筹划有方，特派员送上田赋券洋一万元，请即力予通融”[⑥]；1925年九江县“请”久大公司认募公债2000元，“刻日交县，以便填付印收，先行给照。如能多认，则尤深感纫”[⑦] ……

其次，就是面临当时各地割据军阀的种种刁难、敲诈。“十年之间，五年不内战，内乱一起，一定问盐商要钱，盐商一定拿久大搪塞，成了惯例。限制精盐销路，不许人民购食自由，年年

---

① 范旭东：《久大第一个三十年》，《海王》第17年第2期，1944年9月30日。

② 1912年1月1日陆费逵筹资创办中华书局，辛亥革命后因发行《中华教科书》而迅速成长为商务印书馆之后的国内第二大民间出版机构。中华书局创办月刊《中华实业界》《中华杂志》等，以倡导“实业救国”为宗旨，张謇、梁启超等经常为其撰稿。

③ 张能远：《血路烽烟范旭东》，团结出版社，2014年，第72、73页。

④ 范旭东：《久大第一个三十年》，《海王》第17年第2期，1944年9月30日。

⑤ 赵津主编：《“永久黄”团体档案汇编——久大精盐公司专辑》，天津人民出版社，2010年，第390页。

⑥ 赵津主编：《“永久黄”团体档案汇编——久大精盐公司专辑》，天津人民出版社，2010年，第387页。

⑦ 赵津主编：《“永久黄”团体档案汇编——久大精盐公司专辑》，天津人民出版社，2010年，第387页。

重演一遍。久大不听他们，第一加税，其次是勒索，等而下之，公然绑票。”[①]

1917年，张敬尧任湖南督军，在旧盐商的蛊惑下开始查禁久大精盐，“简直要把久大活活吞下去，怎样和他讲交情，只是充耳不闻，势子越弄越僵”[②]。但突然张敬尧态度一下子又转变了，转而支持久大精盐，为久大精盐在湖南打开局面出力很多。这并不是久大退让，或久大和张敬尧做了什么不明不白的勾当，而是因为张敬尧虽然残暴歹毒，号称“张毒”，但还明些事理，当他看到久大的精盐就是比原来的粗盐好之后便立马转变了态度。

1924年，第二次“直奉战争”爆发，直军吴佩孚一度势头很盛，长芦盐运使张廷谔便假借吴佩孚势力勒索久大，要范旭东交十几万银元作军饷，否则就关了久大。范旭东一筹莫展，幸好不久吴佩孚兵败，张廷谔也不敢再来找久大的麻烦了。

1925年8月8日，奉系直隶督军李景林会同直隶财政厅长郝鹏、盐运使张小岱竟然直接把范旭东在路上给绑架了，借口久大“隐匿祸首股份”，请范旭东“帮”筹集军饷20万，“籍充兵灾善后之用”。范旭东既拿不出这么多钱也不愿意拿，因而回道：“一，公司绝非有意‘隐匿’祸首股份；二，本人不是财神，久大事也不是我一人可做主。交款无法应命。”

李景林派人到久大威胁，如不筹款送来，范旭东性命难保。范旭东被绑架的消息传出后，久大股东、前总统号称“黎菩萨”的黎元洪找到李景林，痛骂了“这辈喽啰狗血喷头”，范旭东哥哥范源濂也亲自赶到天津通融。最终，在黎元洪、范源濂等人的压力下，久大公司“贡献”了8万元，李景林才终于放人，等久大财会科长周雪亭去送钱时又被扣留勒索了5万元。范旭东被放

① 范旭东：《久大第一个三十年》，《海王》第17年第2期，1944年9月30日。
② 范旭东：《久大第一个三十年》，《海王》第17年第2期，1944年9月30日。

出来时对着哥哥范源濂痛哭，他不由得想到了创办久大以来的艰辛，尤其是得知此事由久大股东张弧在背后策划，原来是张弧为讨好奉系军阀而让他儿子张小岱串通李景林绑架了范旭东。范源濂事后与久大同人说："我的弟弟是很坚强的，一般情况下，他是不会落泪的，他太伤心了，在中国办工业多么艰难！"①

1927 年，奉军褚玉璞在塘沽成立"京榆一带盐食户饷捐局"，对久大运销外埠的精盐每担征收饷银 2 元，比原来盐务署的规定高了 10 倍，甚至恬不知耻地说："公司工厂在彼管辖范围，应向彼处完税。"又谓："公司对于其他机关亦曾完税，何以对本军求免，殊不公平"②。范旭东据理力争拒不执行，在致张学良的信中写道："至运往他埠精盐，公司因上述种种困难实属物力担负"③，甚至不惜久大公司停工停运。最后，终于迫使奉军军阀收回成命，可久大公司也为此停工停运达半年之久。

国民党北伐时，南北尚未统一，久大还要面临南北不同的政策和各自勒索，甚至 1928 年到 1929 年南方一度禁止久大精盐行销。当时关税职权仍在北洋军阀手中，久大运盐的关单仍是北京签发，但南方则由国民党政府控制，因为急需售货用款，久大只能冒险将盐运往南方汉口。范旭东对此回忆道："某日，我接着电报，知道英商太古公司大通轮就要到下关了，久大的盐是装在船上的，我站在扬子饭店的阳台上，注视着那船停泊了，后来又开了。我留神看到并没有从船上扣下了货，心里才得安定。"④

据《"永久黄"团体档案汇编——久大精盐公司专辑》一书资料统计，从 1921 年到 1928 年各地军阀对久大公司的敲诈勒索不下 50 余起。久大公司其实不是一般的"民营"公司，也是有

---

① 张同义：《范旭东传》，湖南出版社，1987 年，第 51 页。

② 赵津主编：《"永久黄"团体档案汇编——久大精盐公司专辑》，天津人民出版社，2010 年，第 435 页。

③ 天津渤化永利化工股份有限公司：《范旭东文稿》，2014 年，123 页。

④ 黄汉瑞：《回忆范先生》，《海王》第 18 年 20 期，1946 年 3 月 30 日。

“红顶子”罩着的。范旭东的哥哥范源濂、范旭东的支持者梁启超都是达官贵人，黎元洪、冯玉祥、杨度等政界要人则是久大的股东，可即便如此，也要遭受军阀和贪官污吏的勒索刁难①，可见民营经济发展之不易，也可见当时在中国做事多么难，让今天的我们也不由得很是感慨。

八、久大的发展

“真是没有一天不是和环境的恶势力奋斗！久大的事说起话长，完全不是做买卖，简直是打仗！不过我们的战士，从来没有投降，虽觉太苦，倒还痛快。”② 在旧洋盐商和军阀官僚的“十面埋伏”中，久大公司一直在夹缝中生存，但它不仅没有夭折，反而愈挫愈勇，发展得越来越壮大。

久大精盐公司刚创办时的年产精盐目标是 3 万担，到 1923 年已生产精盐 48.8 万担，到 1937 年全面抗战爆发时年产精盐已达 100 多万担，是全国精盐公司当仁不让的龙头老大。“久大、永利、永裕三家都离不开盐，那年三家经手的盐合计起来，实不下四百多万担，中国每个同胞，那年可以分得本团体一斤盐。那年，三个公司所有的盐田，合计不下十万亩。”③

1919 年久大扩建西厂，到 1924 年久大已增设到六个厂子，还接受了德国在塘沽的铁道支线，收购了沿海的俄国码头，又花 10 万元买了二千余亩盐滩。1923 年，久大公司还在天津法租界建筑了一栋非常气派的西式三层小楼作为久大驻津办事处。1929 年，范旭东还在南京成立“全华酱油公司”，提出“要让全国人

① 范旭东被军阀绑架在民国企业家中不是个案，1925 年中国银行副总裁张公权也曾被张作霖绑架勒索巨款，张公权说中国银行实在无余款可借，后经人调节，张作霖才将他释放；荣氏兄弟中的老大荣宗敬 1927 年也曾因为不肯认摊 60 万税库券被蒋介石通缉，荣家工厂、家产都被封，后承购了 50 万税库券才被蒋介石放人。

② 范旭东：《战场般的久大精盐公司》，《海王》第 1 年第 1 期，1928 年 9 月 20 日。

③ 范旭东：《久大第一个三十年》，《海王》第 17 年第 2 期，1944 年 9 月 30 日。

民吃到好酱油”，该公司生产的酱油很快也畅销大江南北。1933年，久大公司在汉口成立鼎昌社盐号，取得粗盐承销权利，每年生产粗盐也有十余万担。

久大精盐厂

1936年，因为久大的业务大部分已在长江流域，久大精盐公司更名为久大盐业股份有限公司，将久大总部由天津塘沽迁到上海，而此时的塘沽已因为久大由原来的荒废渔村变成了一座繁华的工业城市。[①] 同年，因为日军步步侵华，华北岌岌可危，久大在淮北连云港设立久大大浦分厂，久大业务进入淮河领域，每月产盐2万担。青岛永裕的盐除了出口日本外，也进军湖南等内地市场。

到1936年，久大公司资本已由初创时的5万元增至250万元，规模由年产1500吨增至62500吨。久大已发展成为一个企业集团，内部兄弟企业除了永利制碱公司、永裕盐业公司、大浦盐

① 民国企业家在注重企业发展的同时，也比较注重当地社会建设，如傅国涌在《民国商人》中所言：“他们把自己办企业推动工业化的行为融合到带动整个社会发展、提升城市文明的现代化进程中，融合到这个国家对民生的关怀之中”，如张謇将南通建设成“近代第一城”，卢作孚将重庆北碚建设成举世瞩目的文化城。这是中国近现代企业家的一个优良本土传统，很值得今天企业家传承。

厂，还包括运销久大精盐的恒丰堂、富怡堂等，合作企业包括鼎昌商号、福泰商号、久和公司、天津航业公司、全华化学工业社等等。

在久大公司产值、资本迅速增长的同时，久大还聚集了许多优秀的人才。如久大"总管家"李烛尘系范旭东留日同学，1918年毕业回国弃美孚石油公司聘请而应范旭东邀请加盟久大，他回忆说："就在民国七年八月底，我和范先生作了一次长谈之后，非常投机，于是决定了今后的终生职业"①。李烛尘1920担任久大精盐厂厂长，此后一直实际主持久大公司、永利公司，因为他年龄较大性格刚直备受敬重而被称为"老太爷"，1957年后任国家食品工业部部长、轻工部部长、全国政协副主席等职。

更难能可贵的是，久大在发展壮大的同时一直不忘初心，如范旭东后来所说："从千锤百炼成长出来的久大，今天可以放胆说一句，决没有辜负初衷，记得创办当初，大家有个信念，就是'公私行为务求明朗公正'；这一点，在这三十年万幸勉强支持住了。我们内外的设施，虽然有得有失，有功有罪，无论如何，相信没有违背这个信念"②。例如因为中国精盐首先由久大生产，所以之后有关精盐的特许专营改革、运销交税办法、新盐法等都会征求久大的意见，但久大从不借机谋私。

在范旭东及久大的努力下，1927年全国精盐总会成立，1930年全国精盐工厂联合组织成立，1931年《新盐法》公布规定氯化钠未满85%的不得作为食盐，并提出取消引岸制施行自由贸易制。"久大历年的贡献于社会国家，总算致力不虚！"③ 久大实现了让国人吃上不再掺土的盐的目标，让"人民有了吃盐的自由"。除了生产盐，久大还生产了酱油、牙粉、牙膏、漱口水、碳酸镁

① 徐盈：《当代中国实业人物志·李烛尘传》，中华书局，1948年。
② 范旭东：《久大第一个三十年》，《海王》第17年第2期，1944年9月30日。
③ 任致远：《纪念范旭东先生》，《海王》第19年第2期，1946年10月4日。

等相关产品。南京政府实业部国货审查委员会当时颁发给久大所产的碳酸镁、牙膏等国货证明书，该证明书类似于今天的“中国驰名商标”，代表了国家对企业产品质量的认可。黎元洪使用了久大生产的牙粉后，当即挥毫题写了“齿颊甘凉”四个大字，范旭东将这四个大字制成牌匾，在工业展览会上同展品一起展出。

久大如此迅速成长背后的原因是什么？主要应该是久大员工的事业心，也即外界称赞的“久大精神”。“久大整个机构，自成一种风气，自股东以至全体同事，事业心都非常之重，不大计较一己的得失。”① 如久大股东多年来为了企业发展一直不分股息，范旭东后来回忆说：“久大红利，最多到过两分，有次破例升过一回股，每股加了半股，这都是十七八年前的旧话，此曲不弹久矣。说到同事，在久大执务廿多年的很多，其中几个是家有隔宿之粮的，很成疑问。抗战以来，生活那个不堪言状了，大家还是抓住共同的信念，向前踏去，绝无怨尤”②。

范旭东在文章《久大二十周年纪念述怀》中也写道：“过去二十年，尝尽人间甜酸苦辣，其中属于我们分内的，将近屈指可数，其他都是不应该有的，诚不堪为外人道！‘久大是如何克服那些外来魔障的？’我们时常听见人家问。这个问题，固然不是三言两语可以答复，但是我觉得，久大有一个简单的特性，就是久大同人，自始至终是来久大做事，进一步说，就是久大有这许多事，我们各人分头替它去做，各人既没有自己的得失挟在心里，自然神志清明，看事做事，毫无牵挂，管它技术上的事业好，人事上的事也好，等量齐观，一样的做就罢了。这好像开辟山洞似的，既有了方向，我们一面掘泥，一面防水，毒蛇猛兽逼过来，合力把它赶走打退；遇着顽石，或许用炸药轰开，一边排

① 范旭东：《久大第一个三十年》，《海王》第17年第2期，1944年9月30日。
② 范旭东：《久大第一个三十年》，《海王》第17年第2期，1944年9月30日。

除障碍，一边向前一寸一尺的进展。‘日计不足，月计有余’，积下二十年功夫，自然不能毫无所得，这或者就是局外人所称赞的‘久大精神’！”①

其中，最主要的当然是范旭东的事业心、爱国心。在久大刚建厂时，范旭东和工厂工人一起吃饭，住的是一间连桌椅都没有的小木屋，经常工作到深夜。之后，范旭东的办公条件虽然好了些，但依然很艰苦，办公桌一物三用，既可当桌子又可以做实验，还可以支起来当睡铺。范旭东一直“爱护事业不徇感情”，“绝对以克己精神自制，勿令公家吃苦”，为久大呕心沥血百折不挠，为“工业救国”艰苦奋斗不休不止。

① 范旭东：《久大二十周年纪念述怀》，《海王》第7年第31期，1935年7月20日。

第二章　创办永利碱厂

一、创办碱厂

生产精盐大获成功后，范旭东计划下一步制造出中国自己的碱来。碱被称为“近代工业之母”，是非常基础、重要的化工原料，用于制造化学品、清洗剂、洗涤剂、玻璃等，在轻工、建材、化学工业、冶金、纺织、石油、国防、医药等工业中用途广泛。日常生活中，纯碱也用来生产味精、馒头和面包、油条等面食。“环顾欧美，殆皆以碱厂产量多寡判国力强弱”，碱的产量成为判断国力强弱的重要标准。

中国古代虽然有炼丹等化学工艺，虽然从夏商开始就使用天然碱，但制造不出纯碱，生产的都是“口碱”，即将碱湖所产的天然碱化为碱水再凝成碱块。这种“口碱”有很多杂质类似黄泥，影响健康且不能用于工业。当时，国内销售的纯碱都是“洋碱”，尤其是英国卜内门公司生产的纯碱洁白优质而大受欢迎，到1914年我国年用碱量为3万多吨，其中“口碱”只占七分之一。而当时因为“一战”爆发，洋碱价格飞涨了七八倍，极大地影响了国内工业发展和百姓日常生活，很多以碱为原料的工厂都倒闭了，很多老百姓只能吃没碱的酸馍，用碱印染而成的布料更是奢侈品，生产出国产的纯碱已成为当务之急。

盐是制碱的基本原料，久大既然已成功生产出精盐，那在此基础上制碱便是顺理成章要做的事了，范旭东早就想制造出中国自己的碱了。他在日本京都帝大毕业后就曾到比利时与索尔维碱业公司联系想制碱，可惜未能成功。1913 年，范旭东在欧洲考察盐务时对欧洲制碱工业也有了更多了解，但他想参观欧洲制碱厂都未获许可，好不容易进了卜内门公司结果只是绕锅炉转了一圈而已，这让范旭东更加坚定了制碱想法。

当初考察久大盐厂厂址时，范旭东看到塘沽也适合制碱，曾回忆说："当我到塘沽勘选久大厂址时，看到一望无涯的长芦盐滩，洁白的盐粒在阳光下闪闪发光；又见到石灰石岩遍地皆是，感到资源丰富，可以就地取材，实为创设碱厂的适当地点。"① 当久大制造精盐迟迟未获审批时，范旭东就想过改制盐为制碱。后来范旭东也一直想制碱，但因为制碱用盐的盐税太高而不得不望而却步。当时用盐制碱一担需要两担盐，每担盐成本仅 2 角，但每担盐的盐税却需要 3 元，所以制碱一担光盐税就得 6 元。可洋碱售价仅三四元，如果制碱用盐不免盐税则制碱无从谈起，欧洲制碱的工业用盐也都统统免税。

人生祸福无常，突然，范旭东制碱的机会来了。1916 年北洋政府向英国汇丰银行借款，汇丰银行同意贷款，但条件是贷款以后只有英国人才能在中国制碱。这样的条件明显有出卖国家主权之嫌，当时的财政部部长陈锦涛怕被骂"卖国"便随口回道中国已经在制碱了，英国人则接着追问是哪个中国人在制碱。

陈锦涛慌了神，称自己记不清了，回去查查再告知。他回去之后苦思哪个中国人能制碱呢，想来想去想到了范旭东，便找到时任教育部部长的范源濂，让范源濂告诉他弟弟范旭东赶快制碱，"令弟办久大精盐公司，盐可以制碱为何不办？现英人欲得此特权，可以借钱给中国，我不愿将此特权送与外人，以已有人

---

① 章执中：《爱国实业家范旭东》，《化工先导范旭东》，中国文史出版社，1987 年，第 34、35 页。

创办答之，何不以久大名义来一呈文，申请以盐制碱，我当立即批准，但申请须倒填年月，可以杜绝外人要求”。

“有什么困难，组织来解决”，范旭东便将制碱呈文及制碱用盐盐税太高的问题反映了上去，这问题对于政府而言自然是大笔一挥而已。于是，政府很快就批准了范旭东创办制碱工厂的申请，并又大笔一挥允许范旭东制碱用盐免税，且100里以内不得再设同一类型的制碱工厂。用盐免税，这在中国历史上是第一次，开“两千年来盐业史上的先例”①。

范旭东制碱的申请就这样阴差阳错轻易获得了政府许可，但范旭东制碱最大的困难不在于许可而在于技术问题。当时制碱的主要工艺方法是索尔维制碱法，由比利时人索尔维于1863年发明，该方法可连续生产、原料丰富且产品质量高。但问题在于，索尔维制碱法被申请了专利，而且组成了国际索尔维公会。索尔维制碱法只在该公会内流通，对外严格保密，没有获得专利授权不得仿造，而不用索尔维制碱法又很难制碱。当时国内“有李姓在沪开食盐电解厂（制碱）；有一葛姓在山东汝姑口办一罗卜郎碱厂；四川亦办有一碱厂”②，都因为没掌握制碱技术而很快失败。

想直接获得索尔维制碱法的专利授权基本不可能，因为当时垄断中国纯碱市场的英国卜内门公司就用的索尔维制碱法，它不可能将自己的“法宝”拱手送给对手，范旭东想制碱只能另谋他法。当时比利时有一家用索尔维制碱法的工厂有意在中国发展，有友人把这个消息告诉了范旭东。经过联系，对方提出三个合作条件，一是合作建设的工厂外资资本要过半，二是机器设备及制造方面由外方负责，三是营业归中方主持，然卖价需由外方规

① 稽载：《建设中国重化学工业的主力军永利化学工业素描》，《工程界》，1948年第3卷第8期。

② 李金沂：《范公旭东生平事略》，《海王》第18年第17—19期，1946年3月20日。

定。再三思量，范旭东觉得前两个条件都可以答应，但第三个条件万难同意，因为卖价如果由外方规定，那中方就很难主宰碱厂命运，于是和比利时这家工厂的合作便无疾而终。

范旭东、景韬白等人也想到利用中国本土的“口碱”来改制纯碱，但经过调查发现，从内蒙古运输“口碱”成本太高很不划算。“内蒙古天然碱每年最多可产 30 万担，可制纯碱 15 万担，工厂建设需 10 万元，如以久大工厂迁往，则可省 3 万；如运原料至塘沽加工精制，则运费很大。总之，以‘口碱’改制纯碱在欧战内必可获利，若战事一停，洋碱再度来华，即不能存在。”①

就在范旭东一筹莫展时，有三个人主动找上门来谋求合作，这三个人是陈调甫、吴次伯、王小徐。陈调甫 1916 年从东吴大学化学系硕士毕业后就立志研制纯碱，经过不断实验，他竟然无师自通掌握了索尔维制碱法，制造出了少量的纯碱。当时，苏州瑞记汽水厂厂长吴次伯看到市场碱价暴涨有利可图，便找到陈调甫和上海效大机器厂厂长王小徐，商议联合建厂制碱。三个人一拍即合，都有意建厂制碱，但建厂制碱需要大量资金，于是他们来到南通找到著名实业家张謇②“化缘”。张謇当时未置可否，只是对他们说：“要举办大事业，必须痛下决心，预备吃苦。我办纱厂，有一次机器已到上海，因缺乏资金，搁浅在码头上，我对着机器踱来踱去，一筹莫展，惶急万分，走投无路”。南通之行没有结果，他们又想到利用长芦的盐制碱，于是经人介绍认识了范旭东。

范旭东和这三个人一见如故志同道合，决定共同建厂制碱。范旭东对他们说：“你们已经搞过制碱实验，真是可贵。碱是人民生活中离不开的东西，又是化学工业不可少的原料。我去欧洲

① 景韬白：《永利制碱公司创立史》，《盐政》杂志，1948 年。

② 张謇作为清朝状元而下海经商，创办大生纱厂等 20 多个企业，将南通建成“近代中国第一城”，还曾任实业总长、农商总长、水利总长等职务，是当时毫无疑问的工商界领袖。

考察以后，越发感到若无制碱工业，便谈不到化学工业的发展。我之所以先创办久大精盐厂，正是为下一步变盐为碱，然后再发展中国的制酸工业，孕育强壮的中国化学工业之母。现南北同人都愿把久大当做中心，共同筹建制碱工业，中国碱业这粒种子，就在塘沽种下吧！”①

之所以碱厂建在塘沽，范旭东认为：“在塘沽办碱厂的条件最好，当地盛产原盐，100多里外有唐山的煤，滦县的石灰石。塘沽面临渤海，背靠铁路，水路交通畅达，又有久大精盐公司作为后台，只要大家齐心协力，碱厂必然降生。”其他人也认为在塘沽建碱厂比较合适，但问题是塘沽的盐能生产出纯碱吗，陈调甫毕竟是用南方的盐试制成功的。于是，这几个人便集资购置设备在范旭东家的院子里试验用塘沽的盐制碱，经过多次试验，最终制造出了9公斤合格的碱。制碱技术问题终于攻克了，他们兴奋得在现场合影留念，范旭东还将照片加印了很多分赠亲友。

1918年11月，永利制碱公司在天津发起成立，资本40万元，公司之所以命名为“永利”，自然是希望能永远顺利。范旭东、景韬白、陈调甫、王小徐、张弧、李穆、聂云台等6人为永利发起人，其中张弧是财政部盐务署署长，李穆是长芦盐运使，聂云台②是上海总商会会长，范旭东任总经理。吴次伯在永利公司成立前因为筹款困难就知难而退了，王小徐在公司成立后不久也南下专营自己的工厂，只有陈调甫留了下来。

陈调甫后来回忆说：“范同我在室中促膝谈心，他劝我把制碱的技术责任负担起来，共同奋斗。我说：‘我能力薄弱，要我担负此重大责任，等于要孩子当家’。他说：‘谁都是孩子，只要有决心，就能成功’。他又说：‘为了这件大事业，虽粉骨碎身，

① 帅俊山、张鸿敏：《范旭东传》，湖北人民出版社，2007年，第76页。

② 聂云台是曾国藩外孙，创办恒丰二厂、大中华纱厂、中国铁工厂等，1920年担任上海总商会会长，著有《大粪主义》《保富法》等书。

我也要硬干出来。’我大为感动，即相约共同为碱业奋斗。后来我们到厂外散步，看见一堆一堆的盐坨，外面席盖泥封，形如小山，数之不尽。他同我说：‘一个化学家，看见这样的丰富资源而不起雄心者，非丈夫也。我死后还愿意葬在这个地方’。从这次谈话中，我断定范旭东是一个有雄心壮志的事业家，决定追随他共同奋斗。”①

范旭东（左）与陈调甫（右）合影

二、困难重重

政府也许可了，公司也成立了，按理说永利下一步就可以建厂投产制碱了，却不料又生变故。刚开始，财政部大笔一挥允许永利公司制碱用盐免税，不料随着北洋政府走马灯式的执政，财政部部长也不断换人，新任财政部部长不认账了，将此事推给盐务署稽核所。当时，盐务署稽核所掌权的是会办丁恩，丁恩作为英国人自然要维护英国利益。如果同意永利制碱用盐免税以至于

① 陈调甫：《永利碱厂奋斗回忆录》，《化工先导范旭东》，中国文史出版社，1987 年，第 57 页。

永利发展壮大，势必威胁英国卜内门公司在中国的纯碱垄断，所以丁恩想方设法阻挠永利建厂制碱。

丁恩首先在永利申请备案的文件上批示：永利申请在塘沽设计碱厂，查长芦系海水盐，非矿盐，不宜制碱。范旭东看到批示后很惊诧，海水盐不能制碱？我们明明已经试验成功了。于是，范旭东回复盐务署稽核所说海水盐可以制碱，已试验成功了，你说海水盐不能制碱请说出理由。丁恩走访专家后了解到他原来把碱和钾弄混了，海水盐不能制钾但可以制碱。他又开始找别的理由，说按照化学反应 136 斤盐即可制碱 100 斤，你们永利需要 200 斤盐才能制 100 斤碱，明显是技术不行嘛。

范旭东知道这是丁恩明显在刁难永利，他便找永利发起人、盐务署署长张弧来疏通。丁恩给了顶头上司张弧一个面子，同意给永利用盐免税，但条件是中国要给英国在四川自流井提取钾的特权。对于这个条件，一方面范旭东不愿意拿永利用盐免税和国家矿产主权交换，另外一方面即使范旭东愿意也不是他能做主得了的，这明显还是丁恩在找借口刁难推托。

幸好不久，梁启超出任财政总长，梁启超一向对范旭东事业非常支持，这次自然也不例外，他以财政总长的身份命令丁恩批准永利用盐免税。丁恩还找借口拖延，拖延到最后只肯先免一半的税。梁启超发怒了，命令丁恩必须批准，因为稽核所只有稽核税收之权，实际上没有规定如何收税之权，如果丁恩还不批准，那中国所有的农工业用盐将全部免税，他随即邀请了景韬白起草"农工业用盐免税条例草案"。丁恩一看这架势慌了神，"小不忍则乱大谋"，只好批准永利工业用盐免税 30 年。后来梁启超很快去职，丁恩很后悔自己过早批准了永利用盐免税，但悔之晚矣。

工业用盐免税问题解决了，但这其实只是暂时解决，后面还有很多反复。范旭东后来对此感慨道："至于工业用盐免税，更是梦想不到的。永利在民国六年，虽勉勉强强得着这个特许，却是忽而被推翻，忽而又复活，十几年中间，接二连三闹了几次，什么两角钱一担的税，六个月一次的期限，犹太医生居然临时变成了工程师，派到工厂来查考，又有什么最高税率的担保，真够我们应付的了！我们为着资本太小，工作艰难，以及外国托拉斯的压迫，已经九死一生；不意还要我们担负巨额的律师诉讼费，宝贵的光阴，消费在乞怜求饶的更不知道若干！”①

永利制碱最大的困难其实在于机器设备。因为永利想大规模制碱必须有专业的机器设备，而当时制碱的重要机器设备因为保密需要都由各厂自行设计，永利买不到全套制碱设备也必须自行设计。

当时，因为制碱用盐免税问题一直被拖延，一时无事可干的陈调甫便变卖了夫人嫁妆想趁机去美国求学进修，进一步丰富自己的制碱知识。范旭东对此很是支持，另外交代让陈调甫在美国设计制碱厂方案、购进制碱设备，嘱托道：“我把这件事托付于你，就是把永利整个事业都放在你身上，千万珍重。除此以外，我希望同人和你为了事业之成功，必须做到三点：第一是吃苦，只有苦干才能得到成绩，有了成绩我们才有信用；第二是清廉，为人能清廉，极易博得他人的敬仰，做事亦易推行，任何事情我们能做到清廉两字，就是事业失败，尚可得人谅解；第三，我们的事业若要成功，全在技术，你此次赴美，要在美国多方物色人才，古往今来的兴衰沉浮都证明：人才是事业的基础”②。

陈调甫到达美国后，赴伊利诺伊大学进修，并为永利购买碱厂设计方案和机器设备。刚开始，陈调甫吃了不少闭门羹。他想去美国碱厂实习未能成行，曾到美国最大制碱厂席勒扣斯厂参观但被拒之门外，只好在大雪和寒风中绕厂一圈，“是时雪深没胫，

① 范旭东：《民国二十年我们应有的觉悟》，《海王》第3年第28期，1931年1月10日。
②《永利档案》，永利厂史资料第一卷。

寒风刺骨，咫尺蓬莱，可望而不可即，惆怅可知”[①]。经人介绍，他认识了制碱工程师梯泼尔，梯泼尔竟然笑话中国人脸黄皆是吃碱太多的缘故，陈调甫拂袖而去。

直到后来经范源濂介绍，陈调甫认识了李国钦。李国钦生于湖南长沙，早年曾发现钨矿，使得中国成为世上第一产钨大国，1914年毕业于英国伦敦皇家矿业学校，后在纽约自创华昌贸易公司，主要经营中国对外贸易，将企业发展得很壮大，曾任纽约市五金同业公会主席，也是华侨领袖。李国钦深知碱的重要性，对永利制碱非常支持，曾在1919年5月20日写信给范旭东道：“近日为永利事进行甚力，不问外界如何态度，志在必成”，并推荐陈调甫认识了法国人杜瓦尔。但杜瓦尔实际上对制碱也所知有限，且白天要工作只有夜晚有时间，所以工厂设计进展很慢。对此，范旭东回信给陈调甫说：“无论如何，一定要把设计搞得完善，多花费些时间、金钱也不要紧”[②]。

后来，陈调甫又通过报纸广告认识了工程师孟德，他自称曾担任制碱厂厂长，愿意代人设计碱厂。付了两万美元设计费后，孟德开始帮永利设计，但他所依据的只是从原来碱厂偷取的一套图纸，只是照葫芦画瓢，陈调甫只好自己根据中国具体情况来不断修改图纸。

历经艰难，图纸终于设计好了。为慎重起见，陈调甫又请了一位曾在碱厂工作了二十多年的老工程师校对。图纸好了，下一步就是按照图纸购买安装机器设备了。因为李国钦的公司本身就负责为国内企业采购各种设备，范旭东、陈调甫便将采购设备的事情委托给了李国钦，李国钦只收2%的手续费。因为经费有限，能省则省，能在国内生产的设备就在国内自制，实在不能在国内

① 陈散文：《从制碱元老到油漆大王的陈调甫》，《制碱工业》，2001年第4期。

② 陈调甫：《永利碱厂奋斗回忆录》，《化工先导范旭东》，中国文史出版社，1987年，第59页。

生产的设备才在美国购买。他们在国外采购的第一台机器是工作母机，全新的工作母机要 2 万美元，而他们买的一台二手工作母机只要 1000 美元，后来这台母机竟然一直用了 50 多年。

1920 年 7 月，陈调甫不辱使命，终于完成范旭东交代的任务启程回国。回国前，他在《筹划永利公司报告书》中写道："德元（陈调甫的字）行将回国，一切可与诸君面谈。碱业为基本化学工业之一，所有玻璃、肥皂、制纸、染色、冶金、制面、洗涤等业均有赖于此，各国均设厂自制，不事外求，我堂堂中大国此物犹付阙如，岂不可耻？德元年来牺牲一切，日则奔走，夜则往往辗转不能成寐，就目前而论有何利益？但既受诸君重托，誓将此事办成，以傲东邻（日人已先与本厂所请工师接洽，但未成交）。现在技术方面德元已有把握，只要资本充足，办事得人，营业合法，成功可预卜也。"①

陈调甫回国后不久，永利公司于 1920 年 9 月被农商部批准注册，永利开始全面施工建设，塘沽工厂占地 300 亩。范旭东这一年总算比较如意顺利，他哥哥范源濂又当上了教育总长，久大精盐组织了精盐公会，永利也开始建设了，他对未来对永利公司踌躇满志充满信心。

除了从国外采购的锅炉、汽机、发电机、压缩机、鼓风机等关键制碱机器设备外，其他机器设备交给了王小徐的大效铁工厂制造，如此即可放心又可省钱，因为王小徐曾是永利公司的创始人且为人忠厚踏实。大效铁工厂制造这些设备也不容易，像蚂蚁啃骨头一样，用了两年时间才全部制造完毕，王小徐后来对范旭东说："大效机器厂停止一切来料加工订货，对永利委托制造的设备和零件全力以赴。永利所要求的多属大型机器，加工工艺要

① 赵津主编：《"永久黄"团体档案汇编——永利化学工业公司专辑》，天津人民出版社，2010 年，第 25 页。

求高，在国内尚属首例。为保证质量，每一部件几乎都几次返工。然大效全体职工人员，既感振奋又备受鼓舞，虽历尽艰辛，矢志不改，一定造出机器，为创建中国化学工业基地尽力”。

施工过程中也是困难重重，首先是运输困难。机器设备运到塘沽后卸在太古码头，从码头到碱厂虽然很近，但因为没有铁路，只能在机器设备下方填上圆木作轨，靠人拉着一寸一寸地挪动前进。有时候机器设备还会掉到河里，有时候机器设备太重还会把码头压坏。机器设备运到之后，安装也是问题，因为很多机器部件需要堆叠垒成高塔，当时还没有起重机，也只能靠人力慢慢安装。厂房建设也不容易，因为永利公司要建的十层高楼在国内还没有先例，而厂房所在的塘沽又本是海地承载力低，只好在地基周围打上一批板桩，边摸索边建设。

永利碱厂蒸吸厂房，被誉为“东亚第一高楼”

困难在一个个解决，但新的问题也在一个个产生。就在永利厂房地面工程施工完毕时，永利爆发了一个根本性危机，即永利所招的股金用完了，永利没钱继续建设下去了。想想看算算看，永利建厂要花多少钱？光付那个孟德设计费就 2 万美元，各种机器设备、厂房建设都需要巨大开支，永利公司刚开始筹集的 30 万股金怎么能够用呢？

没有钱就一切歇菜了，范旭东怎么办？他首先和久大精盐公司厂长李烛尘商量，将久大公司数十万积累资金拿出支持永利。但钱还是不够用，范旭东又以久大公司名义担保向银行贷款几十万。对此，久大公司很多人有意见，这不是“杀鸡取卵”“挪用公款”吗？甚至久大公司董事长、一直支持范旭东事业的景韬白也非常不满，因此一度辞去久大公司董事长职务。久大厂长李烛尘也给在永利工作的余啸秋写信，让他劝劝范旭东停工永利：“旭公心情不快，不便进言，但永利这种情形，与其劳而无功，不如暂为停止。盖开则每月赔三万以上，停则有一万三四可够开销……弟本思早有进言，此事又未便出口。近日旭公住公司，兄能探其口气，略代进其大意……”① 社会上也有各种谣言闲话，如有人讽刺说永利碱厂最好改成冷饮店，在十层高楼吃冰激凌一定很爽。

范旭东不为所动，“仍不稍移”，一定要造出纯碱，他鼓舞同人道：“基本化工原料‘纯碱’，关系国计民生，非自给不可也”，还说：“我搞不成纯碱，宁愿自杀，也不出卖自己的灵魂”；他致信股东聂云台说：“制碱一事吾中国民族已到非做不可的时期，吾人当努力，努力去干一番，即或失败亦当败自吾人，不可希望他人，尤不要遗之后辈，况事在人为，天下绝无难事乎！”② 他又在股东大会上说：“我希望大家把眼光放远一点。永利当前处境，

① 胡迅雷：《中国工业巨子范旭东》，中国青年出版社，1991 年，第 144、145 页。
②《范旭东：民族化工奠基人》，中国文史出版社，2019 年，第 165 页。

可说是‘临产前的阵痛，黎明前的黑暗’。我们千万不能干功败垂成的傻事。只要各位股东继续给予信任和支持，我有决心取得事业的成功。”①

范旭东的坚定不移感动了好友周作民，周作民原本是范旭东留日同学，后创办金城银行任总经理。金城银行实力超群，曾为全国私营银行之首，曾占全国25家最大银行总资产的13%。他对范旭东的为人非常了解，一直相信和支持范旭东创业，他曾说：“我深切知道范旭东做事扎扎实实，为人坚守信用，在他的周围又有一班工程技术人才，他的事业不会不成功的”②。因此，周作民自永利创办起就在资金上给予大量支持，除了直接给永利投资贷款外还动员别人认股，后被推选为永利董事长。当看到永利身陷财政危机难以支撑时，周作民再次伸出援手，先后借款五六十万给永利，终于缓解了永利财政危机。③

三、侯德榜加盟

资金问题终于解决了，但永利制碱面临的最大问题其实还是人才问题。因此，范旭东在陈调甫赴美前交代让他在美国多方物色人才，“古往今来的兴衰沉浮都证明：人才是事业的基础”。

陈调甫不负范旭东所托，在美国物色到了一个最优秀的人才，帮助永利从此“永远胜利”，这个人才即侯德榜。当时陈调甫委托法国人杜瓦尔设计制碱工厂，但杜瓦尔进度甚慢，李国钦便介绍了几位留学生协助，其中有一位留学生便是侯德榜。侯德榜1890年8月9日出生于福建省闽侯县，1911年考入清华留美预备学堂，在清华读书时十门功课考一千分创清华记录，1913年由

① 胡迅雷：《中国工业巨子范旭东》，中国青年出版社，1991年，第125页。

② 许家骏编：《周作民与金城银行》，中国文史出版社，1993年，第42页。

③ 1948年，周作民在纽约永利同人欢迎会上曾说：“四十年前，我和范先生同在日本读书，当时都想为国家做点事。我们当时有一个共同的目标，那就是我们是为国家办事业，不是为个人作打算”。

清华学堂保送到麻省理工学院学习化学，1919 年获得哥伦比亚大学硕士学位，此时正在哥伦比亚大学化工研究院攻读博士学位。

和陈调甫认识后，侯德榜竭尽所能地协助陈调甫，陈调甫也发现侯德榜不仅才学卓著且为人真诚，更重要的是，和陈调甫、范旭东一样有工业救国热情。于是，陈调甫回国后便向范旭东推荐了侯德榜。范旭东对侯德榜也是非常心仪，便写信邀请侯德榜加盟永利。在信中，范旭东陈述了制造纯碱在中国的重要性和他在制碱方面的打算，提到陈调甫对侯德榜的推荐，热切希望、欢迎侯德榜学成回国后为创办中国碱业共同奋斗。

看到范旭东的信，侯德榜很是犹豫，一方面他被范旭东的热情打动，他也从陈调甫那里听说过范旭东其人其事，对范旭东也很敬仰；但另一方面，侯德榜博士期间主要在学习制革，他的博士论文《铁盐鞣革》发表在美国制革学术权威刊物引发关注。因为学习成绩优异，侯德榜还被接纳为美国荣誉科学会会员和美国化学荣誉会员，他如果在制革方面继续研究肯定会大有成就，至少能在美国大学当个教授，而制碱对于他而言则是陌生领域，回国制碱更是前途未卜。

一面是荆棘重重的险途，一面是光辉灿烂的未来，侯德榜几经犹豫最终却选择了前者。因为前者虽然艰险却是救国之道，侯德榜想到范旭东坚忍不拔地创业是为了“工业救国”，而自己的理想不也是“工业救国”嘛，他原来学习制革也是因为看到祖国盛产皮毛但工艺落后，那为何不追随范旭东更好地“工业救国”呢？于是，他给范旭东回信道：“蒙范先生不弃，德榜应将制碱有关技术方面的事，勉强一肩承担……”①

1921 年 10 月，侯德榜登上海轮回到家乡福建。第二年春节刚过，他便离开家乡来到天津塘沽。到达塘沽碱厂找到陈调甫

① 侯德榜：《公私合营永利化学工业公司三十六年来完成碱业之经过》，永利档案149 卷。

后，范旭东要了一套普通工人的工作服换上，来到工地见到范旭东。两人相见分外投机，范旭东当即把碱厂的建设、安装、技术等重要任务交给侯德榜。① 侯德榜分外感动，对陈调甫说："像范这样的人，是值得我们拥护帮助的。"范旭东对陈调甫说："我觉得侯为人很好，你举贤应受上赏"。陈调甫则说："我不要赏，我希望能充催化剂，发生化学作用，对于事业有利，就是我的成功。"

就在三人相谈甚欢时，有一个外国人突然推门而入。这个外国人叫 G. T. 李，是陈调甫和侯德榜在美国物色的工程师。他是美国南北战争时名将罗伯特・李的后代，原来担任美国制碱厂的车间工长，富有实际制碱经验，因善于改良石灰窑被美国同行称为"石灰窑"。被范旭东的制碱之志感染，他加盟永利，指导碱厂管道铺设和设备安装等工作，在来中国之前也和侯德榜成为好友。

1922 年 7 月范旭东（中）、陈调甫（左）与李佐华（右）在北京汤山合影

① 后来，根据范旭东的提议，陈调甫与侯德榜轮流担任永利碱厂厂长，侯德榜负责技术和机械安装，陈调甫负责人事和经营管理。

老友相见分外欢喜，四个人的手握在一起，四个人的心也结在一起。另外，社会经验丰富的李烛尘不久后也由久大调任永利任职，永利公司的核心团队基本形成了，这是中国企业史上的第一个科学家团队。有这样强大的团队“加持”，永利生产的纯碱该出炉了吧？①

四、终于制碱成功

纯碱并没那么容易出炉，永利试工过程中也是困难曲折得很。因为制碱工厂的整个机器设备都是环环相扣节节相连，分为化盐、烧灰、吸氨、碳化、蒸氨、动力等七个部分。每一个部分发生障碍，都会影响其他部分，甚至发生事故。在试工的三四年期间，因为没有经验，永利犹如汪洋大海中盲目航行的小船，随时会遇到风浪，遇到过无数障碍、险阻。

刚开始，永利将硫酸铵化成溶液送入塔中，但三十多米高的塔忽然摇摆起来，发出巨响摇摇欲坠，十分危险。后来发现是因为加料太多太快，导致硫酸铵与石灰乳接触后固化，堵住了塔里的溢流管道，慢慢减少进料量后情况才好转。

还有一次，煅烧炉结疤了，把送碱的铰刀都咬住了。侯德榜听说后，立即赶过去拿起一根铁棍伸进去，想把碱疤捅开，结果没捅几下，自己因高温晕倒在地。醒来后，他和负责处理煅烧炉的张工程师一起研究煅烧炉结疤的原因，张工程师经过试验发现是因为重碱水分太多所致，将重碱的水分控制在10%以下，煅烧炉便不再结疤了。侯德榜亲力亲为，在一线像救火队长一样不断地到处“灭火”，有时钻进下水道检查水沟堵塞的原因，有时又

① 在永利努力制碱的同时，吴蕴初在1921年秋天创办了中国第一家味精厂——天厨味精厂，后来又相继创办了天原电化厂、天利氨气厂、天盛陶器厂、中国工业化学研究所等，与范旭东合称“南吴北范”，一起开创了中国化学工业。天利氨气厂创建时，范旭东曾祝贺道：“吾道不孤。天利在中国目前情况下大功告成，这真够吾们高傲的！”

钻进炽热的煅烧炉检查炉烧裂的原因，有时又一直站在氨味呛人的碳化塔边检查……

试工期间最大的事故出在烧碱锅上。因为当时为了省钱，永利购买了比较简单的烧碱锅，结果开工不久该锅屡有问题，“烧碱锅连日实验都无好结果，其毛病太多，所谓扶得东来西又倒也”①。修补好这个地方又坏了那个地方，“此处一停，别处同时不动，即工人已有三百余名，坐吃山崩，能不令人急煞?”② 后来，“石灰窑”设计了一座全部电焊的干燥锅，才解决了这个问题，但因此导致停工半年。

因为刚开始未掌握碱性对钢材的腐蚀作用，永利采用钢管作传送碱液的管道，结果因钢管禁不起碱液腐蚀经常损坏，范旭东最后下定决心将价值十万多元的1300多条钢管全部拆掉，改用更耐腐蚀的生铁铸管。他在致余啸秋的信中写道：“若非如此，则头痛医头，足痛医足，亦坐俟其疲癃残疾以终耳。且非如此已也，牵连久大下水，两败俱伤，旭公负一时盛名，若竟弄到如此结果，亦非吾爱友之道。”③ 为此，范旭东用拆卸下来的几条钢管作了一张桌子放在自己办公室内，以警醒自己不要再犯同样错误。

由于不断发生各种问题，各种机器设备经常需要修理。刚开始每一个零件的铸造修理都要送到天津王小徐的工厂，既耗钱又浪费时间，陈调甫建议永利干脆自己办一个铸工车间。当时永利经费非常困难，范旭东很是为难，但最终同意拨款七千多元，成立了机修车间，对永利碱厂持续发展发挥了很大作用。

---

① 赵津主编：《“永久黄”团体档案汇编——永利化学工业公司专辑》，天津人民出版社，2010年，第27页。

② 赵津主编：《“永久黄”团体档案汇编——永利化学工业公司专辑》，天津人民出版社，2010年，第28页。

③ 赵津主编：《“永久黄”团体档案汇编——永利化学工业公司专辑》，天津人民出版社，2010年，第30页。

克服种种困难之后，1924 年 8 月 13 日永利自己生产的碱终于出炉了，很多人翘首以待像等待新生婴儿般。可是，千辛万苦始出炉的碱并不是雪白色的，而是红黑相间，这样的碱如何能和雪白的洋碱媲美竞争呢？这就是六年多来永利上下费尽心血、财力的结果吗？

大家都很失望，尤其是股东们纷纷心灰意冷，不愿意再投资，资金耗费已超过了原计划的五六倍，分红更是遥遥无期。有些股东说把这钱投在久大早就本利翻倍了，“倘若知道今天，虽白刃加颈也不为”。范旭东虽然也很沮丧，但他没有放弃，因为经过检测，永利生产的碱虽然颜色不对但含碱量达到了 98%，即除了颜色不对其他都没有问题，离成功只差一步之遥。

没有钱继续生产调试，那就再找久大借用，可久大和永利毕竟是两个单位。[①] 有一次，陈调甫拿着范旭东的批条去天津久大会计处领款，久大会计科科长周雪亭摊开久大账本给陈调甫看：“久大资本只有 40 万，现在借给永利的已有 20 万了，以后怎么办?”陈调甫很是惶恐无地自容。当时，陈调甫的妻子潘瑛如去世，陈调甫在讣告中竟写道：“拒收挽联、挽幛等物，如送奠仪，只收现金。”葬礼之后，陈调甫将所收礼金全部交给了范旭东用于制碱。[②] 后来，幸得金城银行总经理周作民又贷款数十万，解了永利燃眉之急，周作民自己则备受金城银行内部责难。

为什么生产的碱会是红黑相间呢？对此人们议论纷纷，有些人认为是侯德榜技术不行，“制革的人怎么能制出碱来呢”，甚至要求撤换侯德榜。对此，范旭东为侯德榜辩护道：“四五年来为了创办制碱工业，为了解决一个一个技术上的难题，他和工程师

---

① 永利创建时，久大一直借调资金、人才等支援久大，总垫款在 150 万银元以上，后来范旭东干脆将久大对永利的借款改为投资，所以久大对永利贡献巨大，“永久黄”团体中称久大为“老大哥”。

② 后来，范旭东为了感谢陈调甫的贡献，特赠永利股票 2000 元，陈调甫又将这笔奖金及个人积蓄充做了他创办的永利幼儿园经费。

们兢兢业业，呕心沥血。为了掌握技术上的第一手资料，侯先生赴汤蹈火，在所不辞。我们永利能进展到今天，侯博士是有功的。他的功劳不仅为我们解决了很多技术上的问题，更重要的是为永利培养了一种实干、苦干的工作作风。对这样难得的人才，我希望大家要像支持我一样，支持他的工作”①。

侯德榜听闻后感慨地说：“范先生遇到的困难远胜我十倍，但他总是一意为我解脱，至诚相待。这种相濡以沫的精神，是我一辈子也不敢忘怀的。今日只有一意死拼，谋于技术问题的解决，以报范公之诚心。”②

制碱失败到底是什么原因呢？“后来查出是因为铁器受了氨及碳酸气的侵蚀，形成铁锈所致。‘石灰窑’建议加入少量的硫化钠，使它同铁器接触，在表面上结合一层硫化铁的保护薄膜。这样，出的碱果然白了。原来国外采用炼焦厂的粗氨液作原料，其中本含有硫化铵，所以不会发生这个问题。”③

生产的碱终于雪白了，就在大家长出一口气的时候，不幸的是，工厂里最后一台煅烧炉烧裂了，工厂只能完全停工了。没办法，范旭东只好派侯德榜和“石灰窑”去美国购买新的煅烧炉，并进一步考察制碱技术。他们两人在美国花重金购买了先进的圆筒回转型外热式煅烧炉。国内的永利工程师也没闲着，不断地检修各种机器设备。范旭东更没闲着，向周作民的金城银行又借了一笔 60 万元的巨款，并亲自过问碱厂的试验、检修等进程，对其感慨道：“这工作不比重新发明有什么不同。”④

“万事俱备，只欠东风”了，1926 年 6 月 29 日，永利碱厂第二次开机生产，这次如果再不成功那可能真的会摧毁所有人的信

① 李祉川、陈韶文：《侯德榜》，南开大学出版社，1990 年，第 30 页。
② 李祉川、陈韶文：《侯德榜》，南开大学出版社，1990 年，第 30 页。
③ 陈调甫：《永利碱厂奋斗回忆录》，《化工先导范旭东》，中国文史出版社，1987 年，第 64 页。
④《范旭东先生及其所经营之三大事业》，《新世界》，1944 年第 7 期。

心。幸运的是，碱生产出来了，是雪白雪白的碱，永利终于制碱成功，中国终于生产出自己的纯碱了，其硫酸钠含量高达99%。这是亚洲第一次用索尔维制碱法制碱成功，比日本还提前一年，而这一天距离1918年永利建厂已经8年了。“从建厂日起，中间经过了无数的技术上和经济上的困难，断断续续的工作，一条流水作业的长龙，经过了八年的苦干，才连接起来。”① 8年坚持奋斗终于制碱成功不可谓不壮烈，在中国企业史上也可能前无古人后无来者，今天说来几乎难以让人置信。

永利碱厂

在庆祝永利终于制碱成功时，范旭东感慨地对陈调甫说：“我的衣服都嫌大了，你也可以多活几年了。”他还激动地说：“今天我们总算制出合格的中国碱，这是我们多少年来的夙愿，为此我们支付多少辛苦，尝尽人间辛酸，经过整整八年苦干，终

① 陈调甫：《永利碱厂奋斗回忆录》，《化工先导范旭东》，中国文史出版社，1987年，第64页。

于降伏了这条流水作业的长龙。永利制碱的成功，要归功于诸位的同心同德，努力苦干。”[①] 为了区别“洋碱”，范旭东将永利产的碱命名为“纯碱”，从此“纯碱”这个名词在中国诞生，并开始逐渐替代“洋碱”。

1926年这一年是永利史上的重要一年，也是中国企业史上非常重要的一年。除了范旭东制碱成功外，卢作孚[②]创办的民生公司第一艘轮船正式航行，胡政之、吴鼎昌、张季鸾则接办了《大公报》，而他们的先辈张謇则于这一年去世，这或许意味着现代企业家开始正式替代士商。

五、与卜内门的竞争

制碱成功只是永利永远胜利的第一步，下一步是如何打开市场让永利生产的碱畅销。而这不可避免地要与在国内纯碱市场占垄断地位的卜内门公司厮杀了。在制盐战场上，范旭东就和卜内门公司较量过且最终胜出，那这次在纯碱市场上呢？

卜内门公司创建于1872年，采用索维尔制碱法，是英国最大的碱厂。1900年，卜内门公司在上海成立分公司，聘请在华传教多年的传教士李德立为首届总经理。为了宣传推广洋碱，李德立手执铜铃招摇过市，大肆宣传洋碱的好处，并边说边送现场试验，很快为卜内门公司的洋碱打开了中国市场。到1914年，我国年用碱量3万多吨，洋碱占6/7，其中最主要的洋碱就是卜内门公司的碱，中国市场也成为卜内门公司的海外最大市场，卜内门公司纯碱在中国的中文名称就采用“洋碱”二字，李德立甚至吹嘘道：“卜内门公司犹如铜墙铁壁，不怕旁人进攻”。

---

① 李祉川、陈韶文：《侯德榜》，南开大学出版社，1990年，第33页。

② 卢作孚1925年创办民生公司，很快统一了长江上游航运，且注重重庆北碚社会建设，被誉为“中国船王”、“北碚之父。1938年，卢作孚组织领导宜昌大撤退，保存了中国民族工业的命脉，被史学家评为“中国的敦刻尔克大撤退”。

吹是这样吹，卜内门公司为了维持自己的垄断地位，还是对永利生产的纯碱百般阻挠。首先是技术保密，对永利严格保密索尔维制碱法，试图从源头上扼杀永利。等永利自己掌握了索尔维制碱法后，卜内门公司又联合盐务署稽核所新任会办英国人韦礼敦在制碱工业用盐免税问题上横加阻拦。对此永利曾发函痛斥："谓洋碱销于中国者，唯卜内门至巨，今贵会办欲保护贵国之洋碱，不惜摧毁中国碱业，究竟中国非印度，岂能受此亡国条件，今贵会办之作用完全为保护卜内门，并非为增加中国政府的收入。会办虽英人，现作为中国官吏，何得以利用政权摧残中国实业"。这个阻拦最终无效后，卜内门公司又在市场上正面阻击永利。

永利虽然生产出自己的纯碱来，但要想打开市场尤其是和卜内门公司正面竞争其实很难，因为永利毕竟刚刚产碱，产的碱质量不太高且产量也有限，资金更难以与卜内门公司抗衡，且国内当时对制碱重要性认识不足因而对永利的支持不多。所以，卜内门公司认为自己胜券在握。1922 年夏天，范旭东去庐山访友，无意中遇到卜内门公司中国分公司总经理李德立，庐山被辟为避暑山庄就是李德立的主张，他租下了庐山大片土地大发其财。李德立对范旭东轻蔑地说："碱在贵国确是非常重要，只可惜足下办得早了一些。就条件上来说，再后三十年不迟"，范旭东对此愤慨地回应道："恨不早办三十年。事在人为，今日奋起直追，还不算晚"。

永利生产出纯碱后，销路逐渐扩大，卜内门公司感觉到了危机，尤其是当他们得知永利核心成员都是高材生。他们先是通过久大职员祁仍奚等人频频表示愿意"合作"，范旭东对此婉言谢绝："卜内门乃世界碱业大王，永利一小厂，且未出货，成败尚不可知，何敢与大王合作?"祁仍奚接着问道："是否必待失败后始求助于卜内门?"范旭东回道："果然失败，当然迟三十年再

说，更无合作余地。”

后来，卜内门公司总经理尼克逊来中国视察时，也多次表示愿意和范旭东会谈。范旭东鉴于永利刚刚产碱，碱的质量不高，产量有限而卜内门实力雄厚，如果过于抗拒，可能会导致不必要的纠纷，因此同意会谈。会谈前，范旭东提出一个谈判原则，即永利承担着民营化工的重任，是成是败全在于自己的力量和奋斗，在任何情形下都不容许外国人参与永利主权，变通仅限于营业范围。因为他认为“中国人必先苦苦的苦干一番，至少要自己站得起来才受得起人家的帮助。否则不是人家帮助我们，倒是我们帮助人家消纳资本扩充市场了！因此，在目前中国情况下，我们对于利用外资合办工业的问题，不肯轻易赞成。”①

随后，范旭东携侯德榜、余啸秋到大连参加与卜内门公司的会谈。余啸秋是湖南长沙人，后赴美入芝加哥大学商学院学会计与国际贸易专业，毕业后加入李国钦公司。后来，李国钦忍痛割爱将余啸秋推荐给范旭东，1923 年余啸秋加盟永利，在天津永利总管理处主持会计工作兼英文秘书，后任永利公司总稽核、营运部长、会计部长、董事等职，主管永利公司的财务、经营和外交等 30 余年，被称为永利“管家”。

会谈中，卜内门公司一再提出愿意以他们的资金和技术、经验与永利具体合作，并以花言巧语相引诱。永利当时正经费困难急需外援，但范旭东等人不为所动婉言谢绝，称永利公司注册章程规定股东仅限于持有中华民国国籍的人。尼克逊接着派人暗示，愿以高于范旭东建设碱厂资金一倍的价格收购永利碱厂，范旭东对此拒绝道：“我搞不成碱，宁可自杀，也不会出卖自己的

① 张能远：《永利硫酸铔厂始末》，《化工先导范旭东》，中国文史出版社，1987 年，第 118 页。

灵魂。”[①] 对此，卜内门公司无可奈何，这次会谈无果而散。

“软的不行就来硬的”，卜内门公司见合作不成便转为打压，开始打起了价格战，每两三个月就降价一次，力图在价格上打垮永利。对此，余啸秋回忆道：“在一九二六、一九二七两年间，卜内门碱价一直下泄，直降到40%以下才告终止。窥其用意，无非想使永利经受不起这样的无端损失而向他们屈服。侵我主权，以大压小，手腕毒辣，居心叵测，可恶孰甚！”[②] 而在天津，卜内门公司则不降价，企图诱使永利纯碱只在天津销售而放弃其他市场。

对于卜内门发起的价格战，永利公司虽然极其为难但坚决奉陪到底。当时永利极其艰难，账上的亏损已达140多万元，资金奇缺且纯碱产量也不多。更重要的是没有多少外援，“当时统治者无人了解化学工业的重要，对‘纯碱为工业之母’更无认识。在资本主义国家，这种企业创办初期，往往予以津贴鼓励。我国当时统治者是一般军阀，从而和之者又是一些无聊政客，根本不知何者为化学工业，不予支持。永利粗告成果，欲将产品插进市场，切望政府略为提高进口关税，保护我国的新兴工业，势无可能”[③]。

对此，永利一方面忍痛裁减人员，有些员工也自愿减薪，一方面不断提高碱的产量和质量，并持续不断地随卜内门公司降价。有些员工认为永利纯碱在天津销售足矣，无需随卜内门公司在其他市场竞争，范旭东对此清醒地说：“如果我们把销售仅只集中在天津一地，外地销路没有打开，市场基础就不巩固，有朝

---

① 章执中：《我所知道的爱国实业家范旭东》，《湖南文史资料选辑》第17辑，湖南人民出版社，1983年，第30页。

② 余啸秋：《永利碱厂与英商卜内门洋碱公司斗争前后略》，《化工先导范旭东》，中国文史出版社，1987年，第77页。

③ 余啸秋：《永利碱厂与英商卜内门洋碱公司斗争前后略》，《化工先导范旭东》，中国文史出版社，1987年，第75页。

一日，卜内门再回过头来收拾我们，我们将完全处于被动，束手无策，结果很可能失败”[①]。

有段时间永利赔得实在太厉害，范旭东甚至想到买进卜内门的碱，然后换上永利的口袋，以维持永利的市场存在，甚至在湖南等市场采取赊销的办法。最终降价降到40%后，永利的碱依旧比卜内门的碱还便宜三角。财大气粗的卜内门公司终于也承受不起了，双方才基本停止了价格战。对此，范旭东曾感慨地说："从前怕外货竞争吓得不敢动弹，经此一战也附带减退了。"[②] 因为范旭东对卜内门强硬，他获赠了一个外号"铜锤"，曾在黄海研究社工作后来成为著名画家的方成还为他画过一张类似的画像。[③]

卜内门公司除了大打价格战外，在销售上也有杀招。他们与中国的代销商店约定，各店不得兼销其他家的碱，否则不仅扣除年终佣金，还将没收押金。因此，卜内门公司代销店都不敢销售别家的碱，而当时这些代售点基本上垄断了纯碱在国内的销售，如果不靠他们代售将难以迅速打开市场。幸好永利所产的是轻碱，卜内门公司产的是重碱，重碱适宜于制造玻璃等工业用品，而轻碱则适宜于发酵、洗涤等生活用途。两种碱各有用途，销售轻碱实际上并不妨碍销售重碱，因此经过永利与多家代售店协商，有些大胆的代售店"终于同意永利的建议，换用牌号及股东姓名同时适售我碱。从此南北市场得以打入，开辟基地"[④]。

卜内门公司在正面与永利交锋的同时，还派出商业间谍。就在双方"交战"之初，突然有一天，卜内门公司天津区有一位姓王的职员深夜拜访永利营运部长余啸秋。原来他是卜内门公司天

① 张同义：《范旭东传》，湖南人民出版社，1987年，第57页。

② 谭小冬：《工业先导范旭东如是说》，中国纺织出版社，2021年，第127页。

③ 张能远：《血路烽烟范旭东》，团结出版社，2014年，第51页。

④ 余啸秋：《永利碱厂与英商卜内门洋碱公司斗争前后略》，《化工先导范旭东》，中国文史出版社，1987年，第77页。

津区经理小李立德（卜内门公司中国分公司总经理李立德之子）所派，派他来刺探永利碱厂消息。余啸秋非常痛恨这种行为，但想到不如将计就计来个反间谍，便许诺这位王姓职员每月津贴30银元，让他以后有什么卜内门公司的内幕消息及时告知。于是，通过这位王姓职员，余啸秋获取了不少卜内门公司的商业情报，而卜内门公司获得的则是很多有利于永利的假情报。如此持续两年后，“一鱼两吃”的“双面间谍”王姓职员才被卜内门公司发现，被关了七天禁闭后开除。

在与卜内门公司的交锋中，永利也有奇招，那便是大打“爱国牌”。当时，国内反帝爱国气氛高涨，反对洋货支持国货运动不断。[①] 永利便充分利用这种形势，景韬白在上海英文《大陆报》发表文章《请看英人摧残国货毒辣之手段》，揭露英国人阻碍永利工业用盐免税等事，号召国人支持购买永利生产的“红三角”牌纯碱。范旭东还在天津、上海报纸上大做广告，在包装纯碱的麻袋上印有“永利纯碱”标志以作宣传，且范旭东想到了一个奇妙战略，即开辟“第二战场”围魏救赵。

六、“第二战场”

范旭东在日本留学多年，对日本碱业非常熟悉。日本工业发达，所需纯碱要远大于我国，但日本制碱工业比中国还落后，永利出碱的第二年日本三菱财阀才开始制碱。而当时日本三菱财阀的主要竞争对手是日本三井财阀，而三井财阀还没有产出自己的碱来。范旭东因此看到机会，便和三井财阀合作，委托三井代售永利的纯碱。三井为了和三菱竞争，佣金很低碱的售价也很低，而它的分支机构遍布日本全国推销方便，因此永利纯碱很快在日

① “五卅惨案”发生后，国货运动风起云涌，“上海市民提倡国货会”“中华国货宣传团”“推销国货会”等组织纷纷成立，还举办国货大游行、国货运动会、国货展览会等活动，国货因此热销，这种抵制洋货提倡国货运动在民国企业史中几乎每隔三五年就爆发一次。

本打开市场。

日本纯碱市场原本也基本由卜内门公司垄断，自然不愿分一杯羹给永利，于是便也在日本市场大打价格战，而永利则像在中国一样继续奉陪。当时卜内门公司纯碱在日本的销量是永利的十倍多，如果陪着永利一再降价形同自杀，于是卜内门公司不得不妥协再来和永利谈判。

像上次谈判一样，永利对于双方合作还是坚持一个原则，即合作可以，但不能涉及永利的主权，包括资金、技术，只能在销售方面合作，其他免谈。范旭东、余啸秋在坚持原则的同时也给了卜内门公司一个“甜头”，即永利与三菱的一年期代售合同期满后，可由卜内门代售永利在日本的纯碱。卜内门公司对此欣然同意，双方于1928年6月签署协议，由卜内门公司代理永利在日本的纯碱销售，卜内门公司应该尽量使永利纯碱的售价接近于卜内门洋碱的售价。协议期限暂定为三年，协议期满后如双方同意再续约，协议签订后卜内门公司交付永利押金30万银元。

为何卜内门公司愿意如此合作呢？余啸秋指出，“卜内门的本意，不在于日本代售我碱，而在于借此与我接近，避免我再向日本售碱以扰乱市场”①。而范旭东为什么同意签此协议呢？余啸秋分析道：“范旭东之同意订立协定盖有三因：(1) 当时国民党政府对于全国企业并无完整计划和统一领导，根本无政策可言。卜内门既千方百计愿和我亲近，在民营企业立场，双方达成协定，亦可权图本厂营业上的安静，得以致力于生产上的发展。(2) 当时我厂正需要资金来扩充生产设备，乐得收入这笔抵利的押金，挹此注彼，以资扩建。(3) 永利办厂制碱，原意固在为我国人民服务，抵制外货，今国内市场既得保持，他们为维持日本市场代

① 余啸秋：《永利碱厂与英商卜内门洋碱公司斗争前后略》，《化工先导范旭东》，中国文史出版社，1987年，第80页。

售我碱，也可为我碱在日本创立牌子，为我碱将来生产过剩或滞销时辟一尾闾，并不需我付出高价，又何乐而不为？[①]”

的确，让卜内门公司代售永利在日本的纯碱可谓以退为进一举三得，既确保了国内市场的安静，又获得30万元押金[②]扩充生产，还借卜内门之手在日本推广永利纯碱。因此，此协议续签了九年直到1937年抗战爆发后自然废止，永利从中获利众多。永利就此停止和卜内门公司打价格战后，永利纯碱售价便开始回升，永利终于开始盈利了。此时正值1928年永利建厂十周年，范旭东亲自在天津碱厂十层高的大楼上放起了鞭炮，边放边喊：“真痛快！真痛快……”[③]

永利之所以和卜内门公司和解还有一个原因，即卜内门公司天津区经理换人了。1933年，卜内门公司英国总部董事柏烈来到中国，和国民政府商谈中英德三方合办硫酸亚铔厂事宜，顺便到天津考察卜内门业务，并由卜内门公司天津区经理小李立德陪同访问范旭东。交谈中，小李立德为取媚上司提出要参观永利天津碱厂，在酒桌上的范旭东当时也没多想就同意了。第二天，范旭东醒悟过来想到不应让他们参观碱厂，但既然已经答应也不好反悔，便借口有其他事南下汉口了，由余啸秋陪同柏烈一行参观永利碱厂。

范旭东让余啸秋“飨以盛宴，用上好香槟灌得他们醉眼模糊”[④]，使得他们醉眼模糊看不太清，且只带柏烈一行参观了兴建中的烧碱厂和碱厂包装室，而没有带他们参观技术车间。柏烈醒过酒来后意识到自己是吃了闭门羹，因此他恼羞成怒，便将怒气

① 余啸秋：《永利碱厂与英商卜内门洋碱公司斗争前后略》，《化工先导范旭东》，中国文史出版社，1987年，第80页。

② 这笔30万元押金永利于1947年归还，但因为通货膨胀当时归还的130亿元实际相当于原值的13.66%。

③ 陈韶文：《永利和卜内门的拼搏》，《纯碱工业》，1982年第5期。

④ 赵津主编：《“永久黄”团体档案汇编——永利化学工业公司专辑》，天津人民出版社，2010年，第144页。

撒在小李立德身上将他开除了，可怜的小李立德拍马屁反倒拍到马蹄子上了。事后，范旭东对人说，20 多年前他参观卜内门公司只让看了锅炉房，这次是“礼尚往来”。

卜内门公司天津区经理一职对于卜内门公司和永利的关系而言非常重要，因为永利碱厂就在天津。小李立德虽然是外国人但从小跟随父亲生长在中国，对中国国情非常熟悉，做事风格类似流氓，当初大打价格战就是他提议的。小李立德被开除后，接任者是英国绅士华默，“此人具有相当文化，遇事态度雍容，一反小李作风，尔后双方关系遂日趋正常”①。

随后，在国内市场，永利也和卜内门公司在售价、代售、合力御敌等方面逐渐开始合作。当时永利对卜内门的策略是：“唯总店对卜内门政策极力保持友谊态度，不欲与之作无谓之竞争，须知营商系平和事业，用平和方法制胜者方为真正的胜利，此原则切不可没却。”永利还在全球设立了数十个办事处，他们将卜内门公司的碱贴上永利的标签出售，如此永利迅速成为一个跨国公司。

1937 年 5 月，双方还正式签署售碱合同：“兹两公司愿诚意合作，共同供给中国及香港碱业市场，以谋避免彼此竞争，且力求扩大联合，相互保护双方利益，经彼此同意，其有各方碱类销货均按以下条件处理……”②。合同规定了中国碱业市场配销比例，永利占 55%，卜内门公司占 45%。永利由此取得中国碱业市场主导地位，这距永利产碱已是 20 年。

1928 年 7 月，永利公司特致函永利纯碱各代销点，“中国各埠销行纯碱向以英商卜内门公司为最多，品质精良，信用素卓。

---

① 余啸秋：《永利碱厂与英商卜内门洋碱公司斗争前后略》，《化工先导范旭东》，中国文史出版社，1987 年，第 81 页。

② 赵津主编：《“永久黄”团体档案汇编——永利化学工业公司专辑》，天津人民出版社，2010 年，第 175 页。

查该公司防用新法制碱远在五十年以前，刻苦经营，无异今日本公司之现状，其奋斗精神诚有国人者，故当时并立志公司其成绩皆远不逮，此其明证。吾人欲成一事业端赖择友，卜内门为斯业之先进，且卓著成绩，不可以其为同业必取嫉视态度并没取其所长，以吾公司之幼稚最好取作师资，以为将来发展之标的，嗣后反与卜内门相处深盼善意周旋，无谓竞争务宜设法避免，对于彼之所长尤望时加注意，努力效法”①。可见，永利既把卜内门公司当成了对手也当成了学习的榜样，这种博大胸怀正是永利永远胜利的原因之一吧，也是今天我们应当学习的一种风范。

期间，因为一度经济困难危机重重，范旭东其实也想过与卜内门公司“合资”。范旭东于1929年9月20日在呈工商部文中详述了永利危机，包括资本太小、产量无多、原料价贵、银行利息高、社会同情者少、交通不便、运费奇贵、无保护关税等，“现在之危机即能与外商妥协两不竞争则生，否则立毙……因此公司最近与世界最大碱业之英商卜内门公司彼此联合”②。

永利与卜内门经过反复磋商，达成合资经营协议，改组永利公司为中英合股公司，华股占52%，英股占48%，新公司遵守中国公司条例，董事长由华人担任。但该协议未获得财政部、工商部批准，“本部查基本工业关系于国计民生者均属至巨，当然不宜将其命脉操之外人之手”，“不准增加外股，以免发生弊害”③，且他们建议“改入官股”，但后来因为国民政府自身财政紧张而未入官股。

当然，永利和卜内门公司的合作中也有很多摩擦、暗斗，尤其是基层代售店纠纷不断，甚至“在合作期间双方根本就是同床

① 赵津主编：《“永久黄”团体档案汇编——永利化学工业公司专辑》，天津人民出版社，2010年，第140页。

② 赵津主编：《“永久黄”团体档案汇编——永利化学工业公司专辑》，天津人民出版社，2010年，第141、142页。

③《工商部致财政部咨文稿》，1930年6月12日。

异梦，分公司与分公司，代理与代理更无论矣”①。但总体上到1937年，如范旭东所言：“卜内门公司与本公司商量合作，迄今十二年，公司始终保持不即不离态度，有时虽不免暗潮，大体尚无正面冲突。”② 之后，双方作为中国纯碱市场上的主要对手还有很多斗争与合作，如抗战期间为避免日本侦察，由卜内门公司在上海收款转给永利。

除了卜内门公司，永利还要应对日俄等国碱品的竞争。而对于这些共同的对手，永利与卜内门携手并肩作战。

1932年左右，三菱财阀所属公司日本旭玻璃公司在我国也一度售碱，其碱价格低廉畅销一时。刚开始，永利认为不足为惧，“以日本国内用碱情形，从长观察决无永久运销中国之可能”③。因为日本本身用碱就供不应求，应该不会有太多余碱来华销售。但没想到的是，日碱因为价格低廉且给代售商佣金高，甚至雇佣永利和卜内门公司的退职职工销售，因此在我国竟然逐渐侵蚀市场，尤其是在山东、上海等市场横行无忌，乃至打入永利的大本营天津。永利不得不与卜内门公司联合降价应对，将碱的售价降低与日碱相等或仅高一两角。到1935年，因为售价太低利润太少，日碱在上海已几乎没有进口。

1933年左右，俄碱在中国销售得也越来越多。永利也与卜内门公司合作，首先联合调查俄碱在华销售情况，接着主要采取“局部暗中跟随俄碱落价，活动竞售，再加口头上有效之正反面宣传”④。很快，俄碱基本上也被永利打败。

---

① 赵津主编：《“永久黄”团体档案汇编——永利化学工业公司专辑》，天津人民出版社，2010年，第151页。

② 赵津主编：《“永久黄”团体档案汇编——永利化学工业公司专辑》，天津人民出版社，2010年，第174页。

③ 赵津主编：《“永久黄”团体档案汇编——永利化学工业公司专辑》，天津人民出版社，2010年，第194页。

④ 赵津主编：《“永久黄”团体档案汇编——永利化学工业公司专辑》，天津人民出版社，2010年，第197页。

对于和洋碱的斗争，时人评价道："成功伊始，本可顺利发展，乃又遭世界托拉斯之打击。彼挟雄厚之财力，帝国主义之保护，大量倾销，威胁利诱，无所不至。公孤军奋战，运筹策划，毫不示弱，虽岌岌可危，但从不肯放松一步，使国家丧失主权，卒能保护吾国化学重工业之幼苗不落外人手，并加紧发扬光大之"①。范旭东自己则说："我们在世界秘密中寻出一条道路。受尽工业技术的折磨和世界托拉斯的压迫与利诱，我们没有屈服……现在每年进口的洋碱已由108万担减至45万担，民族工业终至舒出一口闷气"。

七、内外交困

在与销售对手"厮杀"的同时，永利还要多线作战，对内应对职工对上应对政府对外应对军阀等，可谓困难重重。1930年8月30日，范旭东在召开的股东紧急会议上就指出："居今日而言制碱，尤属万难，其主因约分三点：一则资本不足，二则人才缺乏，三则环境不佳"②。他后来也曾感叹，要知道办工厂有这么艰难，宁可跳火坑。③

"有人的地方就有江湖"，永利公司也不是铁板一块，内部也会有纷争，工人也会罢工或闹工潮。如1929年5月，"因工会包庇偷窃工人，侮辱职员，致发生职员全体离职风潮。现时厂内已为工会把持，工作完全停顿"④，全体职员被迫退出厂区，侯德榜甚至被工人监禁生病，还被勒令交出全厂由工人接收。

对此，永利董事会致范旭东电报写道："自创业迄今垂十二年，股东未分股息，职员忍苦以从，总经理暨董事、监察皆未受

① 李金沂：《范公旭东生平事略》，《海王》，第18年第17—19期，1946年3月20日。
②《公司合营永利久大化学工业公司历史档案》，永利档案卷顺序号10。
③ 张能远：《血路烽烟范旭东》，团结出版社，2014年，第111页。
④ 赵津主编：《"永久黄"团体档案汇编——永利化学工业公司专辑》，天津人民出版社，2010年，第373页。

分文报酬，其为国建业之愚诚似已入超世之境，至于工友待遇则定行八小时制已经数年，工资比国内任何工厂为高，福利设施比国内任何工厂为善，即以此肇事而论，敝会始终不忍多数善良工友同受厥累，故薪金、食券照常发给，息事宁人之心相信已到极点，乃竟不获省悟，至堪叹息，事已至此，夫复何言！”[①] 直到半个月后，此次工潮才最终平息。

1929 年 8 月，永利工人因待遇问题又发生波动，范旭东亲自和工会代表谈话。8 月 20 日，永利给公司发了一封公开信，陈述公司困难：“我们公司事业的性质，是立于时代第一线的，披荆斩棘，从来没有畅快安静的一天……永利每天制出来的碱，确是有人要，但是受洋货的压迫，货价大跌，公司天天和它挣扎，也没有结果！”

1931 年，因为国民党驻厂党务特派员挑唆，永利公司又发生罢工事件。范旭东一方面向中央党部交涉，请中央党部施加压力；一方面派侯德榜出面直接与工人谈判，真诚和工人交流。双管齐下，使得此次罢工很快得以平息。

有些公司管理人员对公司也不谅解，认为工厂出碱很多获利必然也很丰厚，因此要求早日公布待遇章程、去外埠参观、盖新的员工宿舍等。侯德榜都同意了这些要求，他在致余啸秋的信中感叹说：“中国人建设之力不足，捣乱之力有余，实最痛心。”[②]

实际上，永利公司的职工福利待遇在当时是非常地好，即使不是全国最好至少也是最好的之一。1927 年 2 月，永利实行八小时工作制，是当时全国第一家也是 20 年代唯一一家实行八小时工作制的企业。这缘于有一次陈调甫深夜来到车间发现值班工人

① 赵津主编：《“永久黄”团体档案汇编——永利化学工业公司专辑》，天津人民出版社，2010 年，第 374 页。

② 赵津主编：《“永久黄”团体档案汇编——永利化学工业公司专辑》，天津人民出版社，2010 年，第 377 页。

在打呼噜睡觉，而他头上的水管正在漏水。一问得知，这个工人要上 14 个小时的夜班，陈调甫便想上这么长时间的班工人如何受得了，稍有不慎便可能会造成事故。为此，陈调甫向范旭东建议实行八小时工作制三班倒，得到了范旭东赞同和力排众议实施，成为永利此后的固定制度。

另外，陈调甫建议破格奖励有贡献的员工，也得到了范旭东的赞同，他对陈调甫说："调甫啊，对你的建议我举双手赞成，改革之举，无所失而所得必大，你说到了点子上。""范旭东特意制定了一个奖励条例，向全厂职员公布，鼓励大家多出成果，为碱厂贡献自己的力量。在这样一种良好的气氛下，一些技术人员积极探索，为碱厂解决了一个又一个的难题，从而受到重视和奖励"①。如许腾八因为解决了蒸氨塔存在的问题，使得产量翻了几番，被任命为正技师长，后又被提拔为永利碱厂的厂长；工人张锡庚因为对精盐干燥节煤提出建议，被由工人提拔为车间管理员。

尤其是，范旭东、陈调甫大胆打破原来工厂普遍施行的工头负责制，招聘任用大量年轻的大学毕业生为车间主任，极大地提高了车间的管理水平。这些大学毕业生月薪三四十元，比普通工人工资高 5 倍。后来，范旭东和李烛尘还办起永利自己的艺徒班，培养了大量优秀人才。范旭东还大量接收学生到工厂实习，并担任南开大学、隐储女校等学校董事，捐钱和送仪器给学校。②

永利职工的福利待遇也开全国风气之先河，工人的工资要比其他工厂高，有看病、养老用的储金，还经常加工资，工作勤劳没有过失的职工每年加薪一次，每年年终加发一个月的薪金，节

① 李玉：《范旭东大传》，中华工商联合出版社，1998 年，第 150 页。

② 据张能远《血路烽烟范旭东》一书披露，范旭东对人说他总想当当老师，为学生写个小册子。捐资助学贡献教育是民国企业家的一大特点，如张謇在南通办了三百多所学校，陈嘉庚捐资创办了厦门大学，"面纱大王"穆藕初创办了上海第一所职业学校、第一所商业实习学校等，很值得我们今天铭记和企业家学习。

假日加班多发两倍工资，五一劳动节还放假。乃至当时塘沽流传着择婿顺口溜："先永利，后久大，机关干部别搭话"。职工住宿房租极低，逢年过节还有红包拿，范旭东、李烛尘等领导还常常亲自给职工发年终奖或祝寿。有一次，李烛尘带着寿饼、寿酒、养老金等一路敲锣打鼓，前去给工厂里最年长的工人祝寿，让这为老工人和其他工人都非常感动。

永利的技术人员待遇更好了，每工作三年有三个月的带薪休假且可公费旅游，还有单间宿舍或独院住所，有专人打扫卫生。永利还陆续建起了公司自己的小学、浴室、食堂、烤面包房、工人俱乐部、滑冰场、灯光球场、游泳池等，为职工免费或低价服务。黎元洪有一次来碱厂参观，都称赞食堂办得好，工人吃的馒头很白，和他原来当总统时吃的差不多。永利还建立了塘沽地区第一个图书馆——黄海图书馆，第一个小学——明星小学，第一个医院——永久医院……

精神生活方面，永利职工的精神生活也很丰富多彩。永利办了职工文化补习班、俱乐部、篮球队、足球队、游艺团、京剧团、秦腔团、武术团等。"永利足球队成立最早，两厂同人最初唯一运动就是打足球，经历年兴革与变动，运动的范围日渐扩大，规模日渐整齐，项目亦日益整齐，飞扬腾达的程度，有如两厂事业发达的气象。"① 永利工厂有时会停工，但停工期间工人会被组织起来学习文化知识或武术，秩序井然犹如军队，永利还办了工读班、普通班、特别班等扫除工人文盲。

这些福利待遇赢得了永利大多数职工的拥护，虽然内部也有一些矛盾、纷争，但总体上永利凝聚力战斗力很强，保证了永利虽然一路艰辛但最终"无往不利"。

---

①《海外》旬刊第 35 期，转引自李玉：《范旭东大传》，中华工商联合出版社，1998 年，第 159 页。

永利与政府的关系也是复杂得很。虽然经过努力争取，永利获得了工业用盐免税 30 年的批准，但那是北洋政府批准的，国民党北伐成功后还得向国民政府申请批准。当时国民政府还出台了一个政策，即普通工业用盐每担征税二角，永利制碱用盐也属于工业用盐，按此政策也得交税。如果交税的话，永利刚刚起步举步维艰很难生存，因此多次申请用碱免税。如 1926 年 7 月 23 日，范旭东呈函农商部："呈为恳予提出国务院议决维持制盐用盐免税原案，明令施行，以维持营业事。我国制造工业近年始见萌芽，政府丢次或准其免税或予以特权，籍示提倡而资保护，至堪感佩……是公司免税及特许各案政府始终俯予维持，并无推翻之意，加惠工业，实甚感激，唯是碱业造端艰苦，断非短期间所能奏效，使免税原案长此悬而不决，则公司基础是日在飘摇之中，此则非仅陷区区一公司于危境，实将致国内凡百用碱为原料之工业胥永远蒙其不利也。兹事关系既如此重要，特陈明概略，并附呈公司公牍摘要一本籍详原委，敬恳鉴察，俯允提出国务会议，请予议决维持民国六年永利制碱公司原料用盐免税原案，明令施行，不胜祷切。"①

1926 年 9 月 4 日，农商部对此批复道："先拟由部署与稽核总所磋商办法，俟得结果再性提交国务会议。"此后，此事一拖再拖延，先是准许永利用盐免税两年又再延续一年又延续五年，直到最终财政部确定自 1930 年 7 月 11 日起永利原料用盐继续免税 30 年。财政部之所以最终明确永利用盐免税，是因为此时工商部打算代表国民政府在永利加入官股（最终并没有真正入股），"兹因部方为就商方原有制碱工业之基础实现部方兴办基本工业之计划，代表国家加入公股，令商方扩张营业制造，改组原有完

① 赵津主编：《"永久黄"团体档案汇编——永利化学工业公司专辑》，天津人民出版社，2010 年，第 460 页。

全商办公司为官商合办，并为呈请国民政府核免原料制品厘税、运费，以巩固事业根本”[①]。

虽然政府明确永利用盐免税，但有些地方却不遵守，还是要收永利用盐的税。永利公司只能请财政部、实业部等相关部门致函收税之处免税放行。对此，范旭东致信永利制碱公司道：“公司奉令之余，凡属上下同人靡不倍加奋励，冀副政府裁成奖励之心，唯公司成品推销普及南北各省，沿途经过关卡税局所在皆是，其有奉到主管关厅遵奉前令，得凭运单查验免税放行者固多，其有偏僻地区新换局员不明本案原委，指摘运单内仅引工商部令误会扣留者亦屡见不一见，因此成品运销常呈不便”[②]。

此外，永利同久大一样也面临军阀等的敲诈勒索。“当时，永利碱厂生产所需要的原材料和设备燃料等绝大部分都要靠铁路来运输。天津塘沽属军事重地，又是京奉铁路重点站及港口，民国时期的连年内战致使军运频繁，所以就没有多余的车皮为永利碱厂运输物料。因此，当地军阀为了这些缘故经常向范旭东征收各种运输税，而且所征收的运输税要比其他人的要高出 20 倍。”[③]

永利公司制碱也需要用盐，首先便需要和盐运使打交道。陈调甫后来回忆道：“这个‘肥缺’常常更换（大约因为油水太肥的缘故），每逢新官上任，都需要去周旋一番；逢年过节，也有馈送；如有特别十五，更非‘暮夜苞苴’不可。这些都是旭东常常同我谈起的。说到‘有钱可使鬼推磨’，我们两人都很愤慨，决心努力工作，战胜妖魔。听说只有一位桂系某盐运使没有伸手讨过钱，他在病中，对馈赠礼物亦婉辞谢绝，真是凤毛麟角，绝

① 赵津主编：《“永久黄”团体档案汇编——永利化学工业公司专辑》，天津人民出版社，2010 年，第 292 页。

② 赵津主编：《“永久黄”团体档案汇编——永利化学工业公司专辑》，天津人民出版社，2010 年，第 481 页。

③ 李贵娟：《读懂民国商人》，团结出版社，2013 年，第 110 页。

无仅有的了。”①

永利还面临着日伪的骚扰。“九一八事变”后，日本侵华步伐越来越快，日军越来越逼近天津，甚至发动了“天津事变”。1931年11月8日，日本侵略者在天津纠集一伙地痞流氓，分路袭击中国的警察机构、天津市政府及河北省政府等，遭到由东北军组成的天津保安队的痛击。第一次暴乱被击溃后，日本侵略者于11月26日再次组织便衣队暴乱，日军则直接用大炮轰击省市政府以及警察局、电话局，结果再次被保安队击败。

对于“天津事变”，范旭东在致公司员工函中写道：“在战地或接近战线居民因为身受生命胁威，其苦痛自可想见，凡属同胞皆深致悲悯者！公司本身因间接受累非浅，自顾不遑，故无余力兼顾公众，实觉未安，然非得已。自从塘沽电话阻滞，消息不灵，往来车船又不如平常通畅，两地安危不易传达，因是不免发生许多惶恐。沽厂人众，家族妇孺聚居一隅，所感危险当远过于天津，故公司自始即倾全力注意塘沽之平安，绝未丝毫忽视。唯此严重情形之下，公司力量能有几何？所能与大家相约者即全体同人祸福与共，决不能因所处境地不同而有差别，兹特公式申明之，希望转达同人十分体谅，保持镇静，各以沉潜刻苦精神渡此难局，是所至幸。”②

对于日军侵华，范旭东在此函中强调道：“本公司同人设能取下列之态度以应付国难或最切实，应请同人各自斟酌而力行之。第一，吾人确认日本是中国之全民之仇敌，以后对日本绝无容恕妥协余地。第二，吾人确认中国人有自招侮辱之弱点，从今以后应切切实实以个人或团体之力量彻底除之。第三，吾人所学

① 陈调甫：《我所经历的永利碱厂奋斗回忆》，文昊编：《民国的实业精英》，中国文史出版社，2013年，第134页。

② 赵津主编：《“永久黄”团体档案汇编——永利化学工业公司专辑》，天津人民出版社，2010年，第534页。

所事只是做工商，应自家明白，即立誓以做工商为救国之基本，刻苦耐劳，通力合作，为中国开拓富源，以宽裕吾同胞之生计，世无民穷财尽尚能兴国御敌者！第四，吾人平日对于国政漠不关心，或仅摭拾浮言不求甚解，对国政无正确解释与认识，所以国政弛废，招来外侮。以后工作之余应多阅中外报纸，留心政治，对于国政随时可发表正确主张，以尽国民之责任，俾政治渐趋正常。以上各事皆浅易可行，当此国家存亡呼吸之秋，吾同人应彻底觉悟各人对国事所负责任之重大，能先就平易者切实可行。外患虽急，设多数智识阶级各能立定脚跟做去，则力量自厚，何难抵抗？”①

这封函的最后还写道：“中国碱业传自苏氏衣钵……今当国难，尤宜发挥苏氏爱国之精神以确定吾人为国之态度，况中国国难尚无昔日比国所遭遇者之急迫，大可有为，要在吾国人是否有苏氏之精神与决心以应付之耳！不尽之言，诸希心照。”②

从这封函中可见范旭东对日军侵华的态度，也可见他的拳拳救国之心。日军侵华尤其是进逼永利所在的天津对永利影响其实很大，永利一切扩张都暂停了，“厂中一切扩张均暂停，时局如此，实在用不着冒险也”③。另外，面对兵匪、日军等的不断骚扰，永利在保险公司两次购买了保兵险，如 1933 年花 9000 元购买了保 200 万的保兵险。但无论怎样困难，范旭东及永利都没有对日军对外敌屈服，令人肃然起敬。

八、永利发展壮大

在重重阻碍内外交困中，永利像久大一样不断发展壮大。

① 赵津主编：《“永久黄”团体档案汇编——永利化学工业公司专辑》，天津人民出版社，2010 年，第 535 页。
② 赵津主编：《“永久黄”团体档案汇编——永利化学工业公司专辑》，天津人民出版社，2010 年，第 535 页。
③ 赵津主编：《“永久黄”团体档案汇编——永利化学工业公司专辑》，天津人民出版社，2010 年，第 536 页。

1918 年 11 月永利制碱公司发起成立，1920 年 9 月 10 日永利制碱公司经当时商标局核准使用“红三角”商标。“红三角”象征着制碱中气体、液体、固体三种物质的反应，也寓意着它像红宝石一样熠熠闪光，三角中间有一个化工实验常用的坩埚。1923 年永利碱厂建成，1926 年 6 月 29 日永利制造出雪白的纯碱。

在不久举行的美国费城万国博览会上，永利纯碱竟然一举获得金质奖章，大会官方给予永利纯碱的评价是“中国工业进步的象征”。的确，永利纯碱在中国工业百废待兴中从无到有从有到优过程中非常不易和可贵，的确可谓“中国工业进步的象征”。当范旭东得知这个博览会即将举办时，永利正逢首次制碱失败，但范旭东还是充满自信地决定参加，李国钦也积极协助斡旋。这次获奖是中国最早获得国际金奖的化工产品乃至工业产品，之前获奖的“荣记湖丝”“贵州茅台酒”等大都是传统的农副产品、手工艺品。

永利纯碱商标

永利碱厂特为此举办庆祝大会，金城银行总经理周作民、南开大学校长张伯苓、《大公报》负责人王芸生、胡政之等出席，会场主席台悬挂着奖状，旁边放着一小袋“红三角”纯碱样品。会上，很少喝酒的范旭东举杯一一感谢了侯德榜、周作民、陈调甫、李烛尘、“石灰窑”等“功臣”，称：“金融方面有周先生，技术方面有侯先生，永利事业可谓稳如泰山”。

侯德榜则对“石灰窑”说：“你帮助了我们永利碱厂，也就

“红三角”纯碱荣获 1926 年费城万国博览会金奖证书

是帮助了我们中华民族，我们向你致谢，我们不忘你的真挚友谊，以后我们就呼你李佐华吧！”“石灰窑”高兴地举起酒杯一饮而尽表示同意，范旭东等人也鼓掌赞成。“石灰窑”本来已合同期满但感于永利事业又续签三年，后来又两度到永利工作，共在永利工作 15 年，为永利做出极大贡献。余啸秋曾评价他：“在中国制碱历史上，他是一个出过大力的人，至今永利老同人极为怀念不止，则是铁的事实。”①

大会最后，范旭东端起酒杯激动地说：“这么多年来的辛劳、艰苦，真够同人忍受，换来了中国人自己制造的纯碱，也换来了大家头上的白发。求仁得仁，诸君内心是得到安慰的。我为诸君祝福，求自己进步的人群，应当是永生的”②。

---

① 永利化工：《中国化学工业奠基人范旭东与“永久黄”团体》，《经营与管理》，2018 年第 7 期。

②《永利厂史资料》第一卷。

当时，永利公司成为亚洲第一家利用索维尔制碱法制碱成功的工厂，位列世界第31名，不仅“卒为我国制盐工业放一异彩，开工业用盐之途径”①，也如范旭东所言：“中国化工的第一支翅膀伸出来了，物质上的收获不大，但加强了中国人在技术上的自信心”②。永利纯碱经世界碱业工会鉴定，其质量居世界第二，永利碱厂因此取得了世界碱业工会会员资格。

永利产碱量越来越高，1924年仅产纯碱258.145吨，1925年产纯碱则达1805.105吨。到1930年，永利纯碱质量数量都有明显提高，还有了洁碱、苛性碱等品种的碱，广泛用于工业和生活，中国终于有了自己比较完善的制碱工业。

据赵津主编的《“永久黄”团体档案汇编——永利化学工业公司专辑》一书资料，1930年，永利产纯碱69568.734吨，产洁碱73.515顿，产苛性碱2.443吨。销售量也逐年提高，以纯碱在国内市场为例，1928年总销量为209491担，1929年总销量为277074担，1930年总销量为310895担，1931年总销量为341111担，到1936年总销量568402担。另外，永利的碱还远销日本、南洋等地，在日本销售量最多的一年占公司总销量17.3%，同年即1936年永利纯碱国内外总销量为635633担。永利生产的纯碱在国内市场份额也逐年增加，1928年仅占20%，1932年占到了45%，1936年则占到了61.2%。永利自设及与久大共设的营业机构有十七处，代售店几乎遍及全国各个角落，也让纯碱价格从黄金价变成了白菜价。

此外，1930年永利红三角牌纯碱还获得比利时工商博览会金奖，在索尔维制碱法老家比利时获得此奖是对永利的极大肯定，说明永利纯碱成为中国工业不断进步的象征。永利碱厂也越来越

---

① 李金沂：《范公旭东生平事略》，《海王》第18年第17—19期，1946年3月20日。
② 范旭东：《人毕竟是人》，《海王》第15年底25期，1943年6月10日。

声名远播。据《海王》第7年第22期《家常琐事》刊载："最近旬日间到沽上参观永久两厂者，计有北平大学、清华大学、燕京大学、交通大学、中央大学、水产学校、南开中学、汇文中学、河北省立中学、北平高级职校、天津商业职校、河北女师学院、潞河中学、志达中学及天津青年会等，共计约千三百余人。"1935年5月8日，美国经济考察团一行5人乘专车抵达塘沽，参观永利碱厂，对其设备新颖完善、管理周到合理、组织妥善严密等深表赞美。

永利制碱的成功当然首先也在于范旭东，在于他对制碱的决心、毅力。他下定决心一定要为国产碱，如在1928年12月7日永利制碱公司第五届股东常会上作报告说："永利的事是应当做的，现在的国家，如果自己不能造酸制碱，就算没有办化学工业的资格，没有这个资格，就算不成为国家"。在制碱过程中，范旭东"主持大计，决定方针，苦撑危局……几经失败，气不稍馁，卒能克服经济上、技术上、环境上种种困难，以底于成"①。

其次，离不开永利总工程师、厂长侯德榜的努力、付出。如范旭东所言："首功要记在侯博士身上，他数年如一日，为了谋求技术问题的解决，奋不顾身，一意从事死拼。为了中国的制碱工业和今日的成功，度过了多少个不眠之夜，吃尽多少心血，受了多少磨难。可见事业心、责任心之强"②。因为总是甘于寂寞独守空房③一心扑在永利事业上，侯德榜甚至被大家戏称为"寡妇"。

侯德榜为永利制碱做出了重要贡献。他却想到将此技术公开于世造福全人类，范旭东对此也很支持，对侯德榜说："致本，创办碱厂近十年，有失败、有教训，心血和汗水换来了今天的成

① 李金沂：《范公旭东生平事略》，《海王》第18年第17—19期，1946年3月20日。

② 李祉川、陈韶文：《侯德榜》，南开大学出版社，1990年，第33页。

③ 侯德榜在永利公司工作的起初几年一心工作，并没有将妻子、孩子等家人接到天津塘沽。

功。我想，等碱厂生产稳定一些，你可以动手写一部制碱的著作，打破制碱工业的奥秘。我们不学索尔维式的封闭自守，我们决不能今天受人欺压，骂人不仁不义，明天我们再去欺压别人，又被别人骂，使人们像痛恨索尔维集团和英国卜内门公司一样通恨永利。我们要表现出中华民族的崇高气度，以大无畏的精神为全人类服务。"①

在范旭东的支持下，侯德榜开始写作有关制碱的著作，于1933年在纽约出版著作《制碱》。此书系统介绍了制碱工业，尤其是重点介绍了索尔维制碱法。书的序言中写道："本著作可说是对存心严加保密长达世纪之久的氨碱工艺的一个突破。在以英文撰写的此类专著中或许是第一部。书中叙述了氨碱制造工艺方法，对其细节尽可能叙述详尽，并以做到切实可行为本书的特点。书中内容是作者在厂十多年从直接参加操作中所获的经验、记录以及观察、心得等自然发展而形成的。作者认为这一生产工艺的许多方面还需要做研究改进的工作，还认为在物理化学的这一领域中处理大量气体与液体的经验及数据应当公之于世界为其他化学工业所利用。这是出版此书的基本动机。"

侯德榜《制碱》一书
（张能远供图）

此书出版后成为制碱权威著作，也让索尔维制碱法成为全人类的财富，美国威尔逊教授将此称赞为"中国化学家对世界文明所做出的重大贡献"，中国工程师学会对此评价道："所著《制碱》一书，尤为中外学者所共仰，

① 范旭东：《办实业的目的是在革命》，《海王》第6年第20期。

尤为我国工程界之光荣”。侯德榜也因此成为世界知名化学家。

范旭东对侯德榜除了事业上的积极支持外，在生活中对侯德榜也很关心，如他曾亲自热好饭菜给侯德榜吃，亲自购买西服送给侯德榜，并且希望永利员工“要像支持我一样，支持他的工作，与技术无关的事一律不要和谈及，免得他分心”①。侯德榜因此也对范旭东非常感激，“以工业斗士，建设导师仰之”②。

在永利制碱成功之后，永利又不断扩大业务范围。首先是碱厂不断扩建，兴建了烧碱厂、炼焦厂、永新麻织厂等相关工厂，还投资阜家店石山开采。其中，之所以兴建永新麻织厂是因为永利公司需要用的麻袋数量巨大，而麻袋价格飞涨，永利干脆“自力更生，丰衣足食”，也算是打通了产业链。其次，还创办了黄海化学工业研究社、《海王》旬刊、中国工业服务社等“外围”机构。

九、创建黄海研究社

黄海化学工业研究社是中国第一家民办科研机构，范旭东为什么要创办它呢？尤其是在财政极其紧张的情况下，为什么还要创办这样一个没有利润的机构呢？这缘于范旭东对于科学研究的重视和他的“野心”。

范旭东本人就是学者出身，对于科学研究的重要性非常重视。他曾说：“工业技术……无一不待深厚的学理研究做基础，做向导，否则一定落伍”，“中国今日若不注重科学，中国工业有何希望？”③ 他在欧洲考察时，也发现很多欧洲企业都有自己的研究机构，对企业作用重大。

因此，早在久大公司初创时，范旭东就建立了久大化验室，

① 李祉川、陈韶文：《侯德榜》，南开大学出版社，1990年，第30页。
② 侯德榜：《追悼范旭东先生》，《科学》第28卷第5期，1946年。
③ 侯德榜：《追悼范旭东先生》，《科学》第28卷第5期，1946年。

从事与盐业相关的研究，解决遇到的各种技术难题。1922 年，范旭东又投资十万银元，创建了久大化工研究室，其中包括了定量分析室、定行分析室、化学实验室、动力室、图书馆等，还专门购得化工外文书籍五千余种。而随着永利的创建，永利制碱需要解决的技术问题更多，范旭东感到迫切需要建立一个专门的研究机构。

建立研究机构说难也难说简单也简单，无非需要人才和经费。最重要的自然是人才，尤其是“领头羊”的作用至关重要。有谁来主持这个研究机构呢？这个人需要既有学问又有领导才能。当时范旭东旗下已有很多优秀人才，范旭东选来选去最终选定了时任久大化学研究室主任的孙学悟。

孙学悟 1888 年 10 月 27 日出生于山东威海一个商人家庭，1905 年东渡日本就读于早稻田大学并加入同盟会，1911 年赴美就读于哈佛大学，1915 年获哈佛大学化学博士学位并一度留校任教。1920 年孙学悟回国在南开大学任教，后到开滦煤矿任总化学师。开滦煤矿的待遇非常优厚，孙学悟每个月月薪 300 银元，但开滦煤矿属于英资企业，孙学悟总觉得在开滦煤矿工作寄人篱下，与自己原来的“科学救国”初心不符。

经范源濂介绍，范旭东和孙学悟认识，并通过侯德榜邀请孙学悟最终加盟久大公司。侯德榜和孙学悟是清华留美预备学堂的同学，侯德榜向孙学悟详细介绍了范旭东其人其事。侯德榜都放弃国外优厚待遇加盟范旭东旗下，孙学悟自然也愿意，这正和他“科学救国”的夙愿相符。他也很认同范旭东所说：“要有一班人沉下心，不趁热，不惮烦，不为功名富贵所惑，要为中国创造新的学术技艺”。于是，1922 年孙学悟加盟久大担任久大化工研究室主任。久大化工研究室是范旭东想创建的研究机构的基础，那主任孙学悟自然是这个研究机构负责人的不二人选。

“领头羊”的问题解决了，接下来就是经费问题了，没有经费一切也是白搭。当时范旭东在经济上十分困难，但他毅然将他创办久大应得的酬金全部捐出作为创建这个研究机构的经费。

经费问题也解决了，1922 年 8 月黄海化学工业研究社在久大化工研究室基础上正式成立，办公楼占地 1920 平方米，可供一百多位化学师使用。黄海研究社独立于久大和永利公司，由孙学悟担任社长，包括定性分析室、定量分析室、工业化学实验室、动力室等，是我国第一个化工研究机构，也是我国第一个民办科研机构。孙学悟在成立大会上激动地说：“在国际上，享有盛誉的研究机构是英国皇家学会，法国的法兰西科学院，我们的黄海社以他们为楷模。我想只要大家努力，在不久的将来，东方的黄海也必将享誉海内。”

黄海研究社旧址

为何要创办“黄海”呢？范旭东在当时曾写过一篇文章解释道：“第近世工业非学术无以立其基，而学术非研究无以探其蕴，是研究一事尤当为最先之要务也……则欲计中国工业与学术之发达，莫要使研学者有密接于工业之机会，而其所研究之目的即为工业上之种种用材。如是致力不虚，而成效者著，当为事之确然无所疑者，同人于此见之既真，感之尤切，因尽力之所及，于国内化学工业中心之塘沽创设黄海化学工业研究社，仿欧美先进诸国之成规，作有系统之研究。于本地则为工业学术之枢纽，并为国内树工业学术。”①

研究社之所以命名为“黄海”，是因为它位于朝宗于黄海的渤海之畔，它研究的正是海水中的宝藏，寄托着对未来的希望，如范旭东所言：“我们把自己的研究机构定名为‘黄海’，说明我们对海洋的深情，我深信中国的未来在海洋”②。黄海工业社的社徽为圆形，外圈是齿轮代表工业动力，内圈是互相包含的三个部分，寓意“致知”“穷理”“应用”这科学的三个部分密不可分。

研究社创建最重要的是人才和经费，发展最重要的也是人才和经费。孙学悟担任社长后一心一意尽心尽力为研究社工作三十余年，直到 1952 年去世，范旭东称之为“守寡”，意思是说他不图升官发财只献身于“黄海”。“还有副社长张承隆，也是始终‘守寡’的一人。这种精神在旧时代里是不可多得的，值得钦佩的。”③

另外，黄海研究社唯才是举，不再由久大永利两厂技师兼任（两厂技师仍为研究社研究人员），而是对外招揽了一大批优秀研究人员，如张客忠、长柏年、长松年、徐应达、聂汤谷等都是国外留学回来的博士。引进培育并举，黄海研究社先后派多位青年

---

① 范旭东：《创办黄海化工研究社之缘起》，赵津主编《“永久黄”团体档案汇编——永利化学工业公司专辑》，天津人民出版社，2010 年，第 507 页。

② 李祉川、陈韶文：《祖国·事业·科学·人才》，《化工先导范旭东》，中国文史出版社，1987 年，第 52 页。

③ 陈调甫：《黄海化学工业研究社概略》，《范旭东：民族化工奠基人》，中国文史出版社，2019 年，第 110 页。

研究员到国外深造，这些青年研究员后来大多都成为栋梁之才。1933年，黄海研究社有博士10人，留学生、大学生共六十多人。

对于研究，黄海研究社“尊重研究员个人意志，于问题之选择，凡在力量所许之范围并不深加限制，冀能各尽其兴，各竭其能，期以时日而不求近功”①。1931年黄海化学社更改方针为“不求业务范围之广泛，注重问题有始终，以绝对慎重态度选择问题，用最大毅力进行研究，不得鲜明结论，绝不更易”②。

1932年黄海社还成立了董事会，除了范旭东、孙学悟及久大、永利总工程师外，还先后聘请了杭立武、胡政之、朱家骅、任鸿隽、翁文灏等政府官员、著名学者为董事。这些董事只有义务没有报酬，对黄海研究社的发展起到了“保驾护航”的重要作用。

人才问题之外就是经费问题了，黄海研究社按照章程规定经费有五部分来源，包括范旭东及其他久大、永利创始人创办公司所得全部酬金及社会个人赞助、委托研究问题费用、社会企业家利用黄海研究成果的酬报，但实际上黄海研究社的经费刚开始主要靠前者。1924年永利开股东会时，全体发起人均表示：“因念科学研究不容稍缓，愿将永利制碱公司章程规定之创办人全体所得报酬悉数永远捐作黄海社研究学术之用”③，现场有人备受感染，大书“云天高谊”四个大字以示纪念。后来，黄海研究社实在入不敷出又靠久大、永利两家企业资助。另外，黄海研究社从1928年到1937年获得了中华文化教育基金会④每年一万元的资助。

---

①《黄海化学工业研究社之概况》，赵津主编《“永久黄”团体档案汇编——永利化学工业公司专辑》，天津人民出版社，2010年，第509页。

② 陈歆文：《中国近代化学工业史（1860—1949）》，2006年，第334页。

③ 天津碱厂志编修委员会：《天津碱厂》，天津人民出版社，1992年，第747页。

④ 该基金会资金主要来自美国庚子赔款，主要投资发展中国科教事业，加快了中国科教现代化的进程，范旭东哥哥范源濂曾担任基金会第一任干事长。

范旭东对黄海研究社非常重视，认为“黄海应该是我们的神经中枢，它不属于永久两公司，而是与永久两公司平行的独立的化工学术研究机关”。他对黄海研究社的研究工作非常注重，认为学术研究是近代工业的基础工作，化工在今日形成了民族的长城，而研究是为了建造长城打地基。他对研究人员寄希望道：“学术研究，是种神圣工作。做研究的人首先要头脑清晰，把世俗所谓荣辱得失是什么一回事，看得通明透亮。拿研究的对象当做自己的身家性命，爱护它，分析它，安排它，务必使它和人类接近，同时开辟人类和它接近的坦途，这种任务，岂是随便可以完成的吗？无怪乎以牛顿那样的资质，那样的成就，他还叹息学海无涯，我们还有什么话可说？但愿跟踪前辈，愉快而感奋的，一步一步一代一代的向前走着，为不世出的伟才，预任披荆斩棘之劳而已。”①

范旭东还经常到黄海研究社和研究人员一起探讨技术问题，对黄海研究社的工作和发展非常支持，他曾说：“黄海是一个孤儿，大家应当守孤的心情来抚育他，孩子将来有好处，那是国家之福”②。但他从不插手黄海研究社的具体工作。范旭东对黄海研究社的重视和支持，为黄海研究社的发展奠定了基础。

在范旭东的支持和孙学悟的领导下，黄海研究社做了大量研究工作，为久大、永利和中国科学研究做出了重大贡献。范旭东后来写道：“本社研究事项多以与久大、永利两厂有密切关系者为主，盖辅助实际工作之改进为本社重大目的之一，此外如酸碱为一切化学工业之基础，故对于此类原料之化验调查多所注意。”③

① 永利化学工业公司编：《我们初到华西》，《化工先导范旭东》，1987年，第221页。

② 范旭东：《黄海》月刊卷首语，1939年。

③《黄海化学工业研究社》，赵津主编《“永久黄”团体档案汇编——永利化学工业公司专辑》，天津人民出版社，2010年，第508页。

首先，黄海研究社虽然是独立机构，但实际上它也是久大、永利的试验、技术中心，或者说是它们的智囊，拿着它们的赞助也为这两厂解决了很多技术问题。如黄海研究社曾对长芦盐区的苦卤加以研究，研究了浓盐水的精制方法，帮助久大在盐砖制造、机械化、从卤水中提取钾溴碘等方面做了大量研究工作，帮助久大研制出牙粉、牙膏①、漱口水、润滑剂等副产品，还曾受盐务局委托研究过河南、河东、新疆等地的盐。对于永利，黄海研究社帮助做了碳酸塔的查定及耐火材料、耐酸材料的化学分析及物质检验等工作，解决了煅烧炉结疤、全流程工艺指标、产品控制分析规程等各种技术问题。

发酵与菌学方面，黄海研究社研究成果卓著，发表了大量论文、调查报告，研究成果为全国各酒厂采用，还利用研究成果自行开办了生产没食子酸的工厂。在氮肥方面，黄海研究社也做了大量调查研究，撰写了对我国氮肥工业有重要影响的《创立氮肥工业意见书》，协助后来的永利铵厂进行化学分析制造磷钾肥料等。在铝矿方面，黄海研究社于 1935 年炼制出了中国第一块轻金属铝，并将其铸成飞机模型以作纪念。黄海研究社还在海藻、苎麻脱胶、明矾石、铋矿等方面做了大量研究工作，并协助侯德榜写作《制碱》一书。

1933 年，黄海研究社还建成了一座藏书五千余种的图书馆，有专门期刊十余种，马相伯先生题写馆额。1933 年 5 月 31 日，国民政府曾想借黄海研究社的图书馆举行“塘沽协定”的签字仪式，被范旭东、孙学悟严词拒绝。

海纳百川润物无声，黄海研究社的这些研究工作大都关系国计民生，尤其是关系到我国化学工业基础，对于我国化学工业发展起到了重要作用，如孙学悟在创建时所期盼的享誉海内外。黄

① 该“明星”牌牙膏在抗战前后曾独步市场风行一时。

海研究社还曾被政府机关特许到海关检查食品，只要盖有黄海研究社印章的食品，全世界都予以承认。长期主持国民政府资源委员会的钱昌照曾评价黄海研究社道："这足以说明范旭东是具有远见卓识的新型企业家，有科学头脑。当时政府的研究机关中除中央研究院外，私人企业举办颇有规模的研究机关，实为少见。"①

因为经费、人力、经验等的限制，尤其是当时社会对科研还普遍不太重视，黄海研究社的发展过程中也遇到种种困难。在黄海研究社成立20周年时，范旭东感慨道："二十年的辛勤真够黄海同人忍受，换来的只是诸君各人头上的白发和内心的慰安，求仁得仁，我真替诸君高兴，而且衷心替诸君祝福！"② 孙学悟则感慨道："回忆当初，有如航海探险，天涯地角，茫无边际，一叶孤帆，三两同志，初无标记可循，所恃为吾人指针者，厥惟信心，所日夕祈求者，厥惟现代科学在中国国土生根。二十年，历尽惊涛骇浪，仅免颠覆，是则各方同情援助之所赐，与多数社员意志坚决，临难不苟，有以使然，深足感谢！"③

十、"海王万岁"

久大、永利、黄海都纷纷成立了，这三个团体被统一称为"永久黄"。那如何将"永久黄"这三个机构联系起来呢？范旭东随后创办了一个杂志作为"永久黄"的喉舌和桥梁。

1928年9月20日，中国第一份企业刊物《海王》在天津创刊出版，范旭东亲自撰写了发刊词《为什么要办旬刊》。其中写道："因此我们创办了这个旬刊，每隔十天，大家得报告报告近

① 钱昌照：《钱昌照回忆录》，中国文史出版社，1998年，第160页。

② 范旭东：《黄海二十周年纪念词》，赵津主编《"永久黄"团体档案汇编——永利化学工业公司专辑》，天津人民出版社，2010年，第508页。

③ 孙学悟：《二十年实验室》，赵津主编《"永久黄"团体档案汇编——永利化学工业公司专辑》，天津人民出版社，2010年，第508页。

况，行者居者都能够互通消息。虽说没有什么大了不得的价值，譬如每十天大家写封家信，也是很愉快的一件事。有时能介绍一些新知识和好笑话，在旬刊上发表出来，使兄弟们做工和讲买卖的余暇，拿来解闷，比吃两粒劣货仁丹必定还有效些，况且家乡风味，大家当然没有不喜欢的，不仅是喜欢，还能够鼓励我们向前迈进的勇气，所以这个赠品，可以说是'千里送毫毛'，礼虽说是轻，情意却很重的，也不可太小视它。"① 海王星是太阳系中离地球很远的星球，所以杂志命名为《海王》寓意要有远大抱负高瞻远瞩，且久大盐厂的商标也是"海王星"。

《海王》创刊后，范旭东亲自主持了四年。这四年期间，《海王》既刊登了有关化学工业的文章，也刊登"永久黄"的工作情况，还刊登了很多员工的"家常琐事"，受到"永久黄"上下喜爱。

1932年，随着"永久黄"的发展壮大，范旭东决定在塘沽设立"永久黄"办事处，《海王》作为"永久黄"的喉舌自然也要归这办事处管理，于是范旭东便将主持《海王》的责任交给了办事处主任阎幼甫。阎幼甫曾是同盟会会员，后历任浙江省政府秘书长、公安局长、民政厅长等职。因为他长得人高马大，尤其是双眼目光炯炯，让人望而生畏，因此外号"阎王"。他能文能武，既有丰富的管理经验、高超的社会交际能力，也能写一手好文章，所以范旭东便聘请他为联合办事处处长兼《海王》主编。

阎幼甫接手《海王》后，将《海王》继续办得有声有色雅俗共赏，并扩展为16开装订本，既刊登了大量介绍科学知识的文章，包括"永久黄"成员自己和外界知名人士的文章；也刊登了很多散文诗歌，尤其是"家常琐事"栏目发表"永久黄"成员的"家常琐事"而备受欢迎，如《海王》旬刊第19年第35期"家常

① 范旭东：《为什么要办旬刊》，《海王》旬刊，第1年第1期，1928年9月20日。

琐事”栏目有这样一篇报道：“褚家春先生奉父命完婚。八月十一，三星在户；冠婚相随，恭喜小褚”。

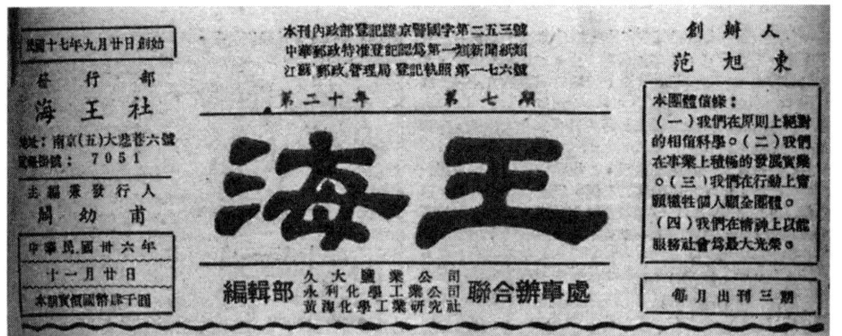

民國十七年九月廿日創始

發行部
海王社
地址：南京(五)大悲巷六號
電報掛號：7051

主編兼發行人
閻幼甫

中華民國卅六年
十一月廿日
本期實價國幣肆千圓

本刊內政部登記證京警國字第二五三號
中華郵政特准登記認為第一類新聞紙類
江蘇郵政管理局登記執照第一七六號

第二十年 第七期

海王

編輯部 久大鹽業公司 永利化學工業公司 黃海化學工業研究社 聯合辦事處

創辦人
范旭東

本團體信條：
（一）我們在原則上絕對的相信科學。（二）我們在事業上積極的發展實業。（三）我們在行動上寧願犧牲個人顧全團體。（四）我們在精神上以能服務社會為最大光榮。

每月出刊三期

《海王》

《海王》还积极宣传“永久黄”的团体信念，即“永久黄”团体的四大信条：一、我们在原则上绝对的相信科学；二、我们在事业上积极的发展实业；三、我们在行动上绝对宁愿牺牲个人，顾全团体；四、我们在精神上以能服务社会为最大光荣。这四大信条是在《海王》旬刊上征求“永久黄”全体成员意见后反复讨论确定，“《海王》社同人认为要统一团体意志，必须要有团体信条，这信条既不是政治意味的，更不是宗教形式的，乃是以真理为出发点，而以应付目前需要为依归的一种实际的团体生活规律”①。

这四大信条被范旭东视为“永久黄”的“宪法”，“全公司自总经理以至雇员都应受这信条的支配”②。《海王》将这“四大信条”印在每期杂志封面上积极宣传，使得这“四大信条”深入“永久黄”成员人心。《海王》起到了喉舌的作用，而这“四大信条”也对“永久黄”的发展起到了精神支柱的作用。

---

①《为征集团体信条请同人发言》，《海王》第 6 年第 18 期，1934 年 3 月 20 日。

②《范先生对于永利化学工业公司励行新组织之重要谈话》，《海王》，第 7 年第 10 期，1934 年 12 月 20 日。

范先生手訂本團體信條

一、我們在原則上絕對的相信科學

二、我們在事業上積極的發展實業

三、我們在行動上寧願犧牲個人顧全團體

四、我們在精神上以能服務社會為最大光榮

侯德榜敬書

四大信条

范旭东虽然不再亲掌《海王》，但对《海王》还是非常重视、支持，他曾对《海王》编辑说："黄海与海王，当掉裤子也要干！"[1] 即使在抗战的艰苦条件下，范旭东也对《海王》一如既往地支持，对同人说："《海王》对团体、对社会已起了作用，我们今后应视《海王》和黄海社同样重要"[2]。他甚至还说："它是团体最重要的分子，是团结这个团体的胶着力，我们有了错处，受它的潜移默化，自然改悔，误入了迷途，它像暗夜的灯塔般指明方向。"[3]

《海王》每期范旭东必看，他对《海王》工作提出很多意见，并在百忙之中亲自为《海王》写了几百篇文章，包括《发刊词》《复刊词》《海王万岁》等有关《海王》的文章，也包括《我的国防设计观》《久大二十周年述怀》《团体生活》等表达自己思想观点的文章，还包括《旅京杂感》《往事如尘》《南风》等散文，乃至为"家常琐事"栏目写了不下 300 篇文章。

有《海王》编辑对此回忆道："海王历来是同人义务的帮忙写稿，范先生对于这点，绝不放弃，一年中他总是替海王写不少的稿子，而在他因公走动的时候，几乎没有一次不有文稿或消息寄来……范先生在海王发表文章，除必要时用名、号外，大多数都是用笔名，而且每篇有每篇的笔名，很少相同，就是我们同事中恐怕也有些人弄不清楚。范先生不仅替海王写整篇大文，并且

[1]《范先生与海王》，《海王》第 19 年第 2 期。

[2] 范旭东：《海王》，第 20 年第 1 期，1947 年 9 月 20 日。

[3]《范先生与海王》，《海王》第 19 年第 2 期。

随时随地给海王寄家常琐事，团体中大部分的重要消息，都由范先生透露过来。他那枝笔，是那么松动流利，无论写甚么，都透彻入神，给读者以轻快之感。”①

范旭东写的“家庭琐事”很是风趣、精彩，如他在一篇“家庭琐事”中写道：“最后大家要求报告恋爱经过，新娘俯首微笑，新郎鞠躬不已，鼓掌越紧鞠躬越深，几达九十度以上，反正这先生抱定宗旨，只鞠躬不说话，大家毫无办法，过后才明白，他是以行动来表示他恋爱经过的，那就是如此，如此。”范旭东之所以经常用化名来写，是因为他希望“阅者去信仰文，莫去信仰名”。

在范旭东的支持和《海王》同人努力下，《海王》杂志越来越有影响，很多学校和图书馆都来函订购，最多时《海王》页数达 40 多页印数达 6000 多份，很多知名人士也在《海王》杂志上发表文章，如 1936 年的《旬刊》就发表了何廉、王芸生、胡景伊、马寅初等名人的文章。在《海王》创刊 20 周年时，社会各界也纷纷赠礼，如上海建业银行黄簸兴送了齐白石与徐悲鸿合画的《合作遇机图》。

对于“永久黄”而言，《海王》很好地起到了喉舌和桥梁的作用，如范旭东在纪念《海王》创刊 15 周年时写的《海王万岁》中所言：“像海王这样和我们亲近的朋友，介绍，只是多事。他，直谅多闻，受人崇敬，不止一天；难得的，他有书生本色，毫无做作，乐与人为善，不乐与人短长；他的精神始终不变，总归是积极的。我们结交了十五年，清淡如水，从来不拘形迹，不知者以为大家既这样疏远，一定是可有可无的，实则他是团体中最重要的分子，是结紧这个团体的胶着力，我们有了错处，受他的潜移默化，自然悔改，误入了歧途，他像暗夜的灯塔般，指点方

①《范先生与海王》，《海王》第 19 年第 2 期。

向。同事众多，尽有闻名不曾见面的，谁都认识海王，个个惦记他的动静；社交场中，尽有和本团体素昧平生的，请教尊姓大名之后，必然表示和海王似曾相识。我们自家人，因为太亲密的缘故吧，反为想不到，海王竟有这般魔力”①。

对《海王》，刚开始“永久黄”同人都不愿意投稿，都异口同声地说：“谁个有那些闲工夫和它干这个弄笔杆子的玩意”，后来则都积极投稿，“宁肯一餐不吃饭，不肯一次不投稿”。因为《海王》主编阎幼甫外号“阎王”，范旭东开玩笑道：“一般庸俗都迷信着‘阎王开饭店，不是买卖经’，人们却不知道‘阎王’开剪刀浆糊铺的本领，比什么人还高超。亏了《海王》这个发明，从此‘阎王’有了新职业，不再干那勾魂摄魄的玩意，活人无算，也是大积阴功了”②。

抗战时期，《海王》杂志积极主张“御侮建国”，“坚信抗战必胜，鼓吹工业建国”，在艰苦条件下坚持办刊，甚至“有一个时期，《海王》简直成了我们抗战的出气筒，也曾冒了相当危险，敌人拿去做我们抗战的证据，吃过相当苦头”③。《海王》杂志一直出版到 1949 年天津解放，除因战争破坏两次短期停刊外每年出满 36 期，记录了“永久黄”大量珍贵史料，也成为研究“永久黄”的重要材料。在《海王》杂志的影响下，当时很多企业也创办了内刊，如卢作孚的民生公司创办杂志《新世界》，永安公司创办《永安月刊》，东亚公司创办《方舟月刊》。

1935 年 6 月，范旭东还创建了中国工业服务社，亲任社长。为什么要创办中国工业服务社呢？范旭东道：“敝公司经营工业有年，备尝艰苦，夙荷维护，始获生存，情殷互助，义不容辞。兹特出资兴办中国工业服务社一所，其宗旨专为促进中国工业建

① 常青（范旭东笔名）：《海王万岁》，《海王》第 16 年第 1 期，1944 年 9 月 20 日。
② 范旭东：《逆着一般人的视线开出路》，《海王》第 6 年第 1 期，1933 年 9 月 20 日。
③ 常青（范旭东笔名）：《海王万岁》，《海王》第 16 年第 1 期，1944 年 9 月 20 日。

设，代人设计工程，并辅助工业实施，其办法具详附呈之简章。谨以服务精神冀于中国工业建设有所贡献，共同奋斗，俾同业克胜目前难局，以确立中国工业经济之基础。事属创举，成败无从逆睹，愿尽心力而已。”①

中国工业服务社章程规定本社由永利化学工业公司主办，永利负经济、行政一切责任，凡中华民国国籍的工商界人士均可为社员。社员分为三类，每年缴纳一百元以上者为特别基本社员，有提出对服务社意见的权利；每年缴纳十元以上为基本社员，有阅读服务社刊物、获得服务社介绍资金、顾问等服务的权利；每年缴纳一元以上为普通社员，有阅读服务社刊物及利用服务社为顾问的权利。

中国工业服务社成立后，做了大量关于工业服务方面的工作，包括代为设计精盐工厂、电化厂、纸厂、酱油厂等，还帮一些公司代为申请专利、代为商标注册、代购东西、代询技术、代查资料，甚至帮一些中学的毕业生介绍工作，如帮河北高阳同和机器染织厂改良技术、为天津旭升料器厂改良灯罩炸裂、为甘肃兰州光明火柴公司提升火柴质量等。抗战爆发后，范旭东决定“为临时紧急措置，暂将范围缩小”，除个别职员留守外其余职员暂时解散，中国工业服务社由此停止了工作。

① 赵津主编：《“永久黄”团体档案汇编——永利化学工业公司专辑》，天津人民出版社，2010 年，第 525 页。

第三章　创办硫酸铵厂

一、决定创办硫酸铵厂

“革命尚未成功”，奋斗永无止境。创办了久大盐厂、永利碱厂、黄海化学工业研究社、《海王》旬刊、中国工业服务社等机构后，范旭东又计划开辟新的战场，向制酸领域进军。

范旭东好不容易刚刚尝到一些“甜头”，为什么又想“吃酸”呢？首先因为酸非常重要，酸不仅是一种味道更是重要的化工原料。如硫酸广泛应用于冶金工业和制造化肥，硝酸是制造炸药的必需原料，盐酸可以用于食品加工和药物生产。可以说，盐、碱、酸是最基本的三种化学原料，世称“化学工业之母”，而前两者范旭东都已白手起家生产出来，自然下一个生产对象就是酸了。

当时中国也无力制酸，酸及相关产品都完全靠进口，每年仅制造化肥的硫酸铵就需进口 20 万吨支付外汇几千万元。生产出中国自己的酸，“酸酸”外国人成为范旭东下一个目标，他认为“要保卫祖国，要振兴中国的化学工业，兴办氨、酸厂，实是刻不容缓”。

1928 年塘沽碱厂情形好转，稍微透过一口气的范旭东就开始琢磨制酸了。他查阅资料，和同事讨论，自己也苦苦思索，最终决定一定要制酸。尤其是他听孙学悟讲没有硝酸就不能制造炸药，一战时期德国因为海口被封锁导致硝石来源中断炸药缺乏，直到后来发明从空气中去氮合成氨才解了制炸药的燃眉之急。他从余啸秋那也听到我国因为要大量进口肥田粉导致白银滚滚外流，意识到“要振兴以农立国的中华，兴办氨、酸工业是当务之急”，意识到制碱和制酸是中国化学工业腾飞不可或缺的两只翅膀。

可创办硫酸铵厂生产酸也很不容易，首先需要巨大的资金等投入，因此也就需要内外的巨大支持，尤其是需要政府的支持。生产出国产的酸，如同生产出国产的精盐、纯碱一样是为了发展我国化学工业，实际上本来应该是政府的事。因此，范旭东1929年向国民政府提出提案申请由政府出资2000万来发展中国的化工产业，其中600万办碱厂，800万办硝酸厂，600万办硫酸厂。范旭东在该呈文的最后还写道：“中国今日之工业所以萎靡不振者人所共知，为受内战之影响，其实银行利息过高、原料及成品之厘税与运费太贵，无一而非工业之致命伤，况酸碱工业工作即难复无厚利，政府必先有除去此三项痛苦之决心，然后方有进行之可能。至于资本及技术尚其次焉者，民间尽有活动之余地。”国民政府对于这一提案深表赞赏，可并无任何实际行动赞赏。

直到1930年，工商部、农矿部合并改组为实业部，由孔祥熙担任实业部部长。“新官上任三把火”，孔祥熙准备大干一番不负“孔子后裔”这一“荣耀”，于是组织了国营工业设计委员会，分为化学、冶金、纺织三组，提出了十项实业计划，其中就有创办硫酸厂一项，并于1931年成立了中国氨气公司准备此事。此消息传出去后，首先引来的“金凤凰”是英国卜内门公司①和德国蔼奇颜料工业公司这两大化工巨头，他们表示愿意与中国合作创办硫酸铵厂。

① 卜内门公司不仅在中国销售纯碱，也在中国大量销售卜内门肥田肥，更想在中国创建工厂直接生产硫酸铵。

兴冲冲地，孔祥熙派实业部简任技正兼上海商品检验局局长邹秉文等人作为代表与这两大化工巨头代表洽谈。刚开始，这两大巨头代表说中国自己不必办厂，因为英德两公司技术高成本低，中国直接买他们的产品就好。被中方代表严词拒绝后，英德同意合作办厂，最终决定由中英德三方各派代表在中国各地调查原料和厂址。那中国派谁参与调查呢？谁对中国化学工业最有发言权呢？那自然是范旭东，于是邹秉文找到范旭东。范旭东欣然同意担任政府创办硫酸铵厂的筹备委员，并将黄海研究社所拟的《创立氮气工业意见书》托邹秉文带给孔祥熙，另外推荐陈调甫参与三方联合调查。

当筹备委员的聘书送达范旭东时，正是“九一八事变”的第二天，范旭东对此后来回忆道：“记得通知送到公司，恰好是‘九一八’的第二天，大家的情绪极不自然，无意中都想到氮气工业和国难的因果，便更加坚定了办好氮气工业的决心。设想如1915年的德国，不遭敌军包围，没有亡国的危机，这门工业或者到今日还是空中楼阁。中国在这当儿，要办氮气工业，我们决不要忽略这段历史。这是当日大家的口约，回忆起来，真是感慨无量”①。

随后，范旭东在实业部召开的硫酸铵厂筹备会议上认为“中外合办”是与虎谋皮，“中国人必先苦苦地干一番，至少自己要站得起来，才接受得起人家的帮助。否则不是人家帮助我们，倒是我们帮助人家消纳资本扩充市场了！因此，在目前中国情况下，我们对于利用外资合办工业的问题，不要轻易赞成”②。对“官商合办”，他也不看好，认为“官营企业历来没有好成绩，不

① 范旭东：《创办硫酸铔厂本末》，《海王》第12年31期，1940年，1940年7月30日。

② 张能远：《永利硫酸铔厂始末》，《化工先导范旭东》，中国文史出版社，1987年，第118页。

一定是当事人不道德，总有一个使它失败的理由”①。

范旭东还亲自在汉口黄石港和湘潭两地做实地调查，为硫酸铵厂厂址选址，并推荐了永利的黄汉瑞给新任实业部部长陈公博当秘书以作“间谍”加强联络采集情报。1931 年 6 月 30 日，范旭东还与美国氨气公司的工程师白斯脱在天津见面并保持通信，商讨创办硫酸铵厂的技术问题。从中可见，范旭东对创办硫酸铵厂的决心。

而英德中三方在长沙、湘潭、株洲等地进行了近半年的调查，调查完后过了很久终于向实业部提交了一份很笼统的“估价书”，估价年产 3 万吨的硫酸铵厂需建设费 1100 万银元、设计费 100 万美元。之后，英国卜内门公司又送来一份建议书，名为建议实为要求，要求“在 12 年内，中国政府不得在湖南、湖北、江西、安徽、江苏、浙江、福建、四川等 8 省和任何其他公司合作开设新厂，以及上海英、德两公司组织联合公司包销中国氨气公司所出产品”。

范旭东、侯德榜对此建议书很是愤怒，侯德榜对范旭东说：“范先生，他们欺人太甚啊！建议书的口气和你在大连听到的尼克逊的狂言不是如出一辙吗？卜内门和我们的较量已不止一次了，20 年代的惨败，没有改变他们 30 年代的嘴脸，真是本性难改！当年我们有勇气和卜内门决一死战，现在更应该有决心为中华民族肩负起办酸厂的重担”②。

范旭东对侯德榜的话很是认同，他回答道：“好，你说得好！德榜兄和我们全想到一起了。‘永、久、黄’的同人日夜焦虑苦思，为的就是扩大碱厂，稳定生产，再腾出手来发展硫酸，合成氨、硝酸等工业，展开化学工业的另一只翅膀。目前实业部也认

① 张能远：《永利硫酸铔厂始末》，《化工先导范旭东》，中国文史出版社，1987 年，第 118 页。

② 莫玉：《范旭东——中国民族化工业奠基人》，中国财政经济出版社，2014，第161 页。

为英、德条件苛刻，不能接受，中断谈判。就国内条件来看，现在是我们接办硫酸厂的最好时机……”①

但办硫酸铵厂像永利办制碱厂一样，也需要技术、资金支持。对于技术问题，侯德榜认为，合成氨的技术不像制碱的索尔维制碱法一样保密，他也学习了一些有关合成氨的理论、技术，永利也有雄厚的技术力量，而美国氨气公司也表示愿意低价提供技术协助，因此技术方面不是太大问题。

至于资金，因为永利一直深受资金之困，所以范旭东刚开始对资金来源缺乏信心。他对邹秉文诉苦，详细说了他办碱厂的种种困苦遭遇，说他在碱厂出碱的那一天，自己买了一串爆竹在自己屋顶燃放，以舒 12 年来的闷气。邹秉文认为有 1200 万即可办一个年产 5 万吨的硫酸铵厂，而向银行借贷 1200 万也并非不可能。于是，经过邹秉文等人的从中协调、争取，范旭东于 1933 年 9 月和上海商业储蓄银行②、金城银行、浙江兴业银行、中国银行达成口头协议（为免节外生枝，当时只是达成了口头协议且对外也没有公布）：由上述四家银行借款 1200 万给永利兴办硫酸铵厂，再加上永利自己的资金，资金问题也不太大了。技术和资金问题都不是大问题了，永利内部对于创办硫酸铵厂都完全赞成跃跃欲试。

而实业部对英德的“估价书”和建议书也很不满意，认为对方条件苛刻不过是想在中国把持市场卖货而已，于是和英德的合作意向便终止了，而希望由国内企业主办，那范旭东领导的永利自然是不二人选。天时地利人和都具备了，技术资金问题也都解

① 莫玉：《范旭东——中国民族化工业奠基人》，中国财政经济出版社，2014，第 162 页。

② 上海商业储蓄银行创办人后来被称为“中国摩根”的陈光甫当时并不认识范旭东，但因为敬佩范旭东毅然贷款支持，他共贷给永利 280 万元，而他给其他企业的贷款一般不超过 5 万，可见他对范旭东的信任。他后来还说张謇、范旭东、卢作孚、刘国钧是他最佩服的四个实业家。

决了，范旭东就此决定创办硫酸铵厂。1933 年 11 月 21 日，他致电“永久黄”总办事处：“硫酸铵厂事，经几许波折，渐得各方同情，资金有着。下午赴京，请当局辞谢外商，决由自办，前途荆棘，尚待刈除，责任至重，切盼吾同人本以前创办公司之刻苦精神，为中国再奋斗一番”①。1933 年 11 月 22 日，永利正式向政府呈文备案创建硫酸铵厂。很快，12 月 8 日实业部新任部长陈公博就电告范旭东：“本日院议通过硫酸铵厂由兄办理，唯附限于一年半内成立之决议，特此通知”②。

终于要创办自己的硫酸铵厂生产国产的酸了，范旭东及永利上下无比兴奋，范旭东对此说：“英德代表，不远万里而来，为的是和我政府签定氨气工业的契约，这事他们双方已讨论了多年，政府的目的，在启发中国的化学工业，英德为的是把持市场，完全是背道而驰，而外人用意又比较深刻，大有不成功不放手的气势，我们同人本着良心的驱使，决然毅然排除一切困难，把这民生国计相关的基本工业，从虎口夺了回来，就国家全局上说，这当然是有重大意义”③。

而英国对此并不甘心，英国卜内门公司总经理兼董事长麦高温爵士于 1933 年 10 月亲赴上海对时任全国经济委员会主任宋子文等人施加压力，还致函时任财政部部长孔祥熙说共建硫酸铵厂是中英经济合作的第一件事，但因为英国坚持原来建议书中的“建议”，中国最终还是没有接受“建议”。邹秉文后来回忆道：“麦高温在离开上海的前夕，曾请我和陈光甫以及少数的上海银行界人士在南京路华懋饭店酒会告别。我看到麦高温的态度始终是悻悻然有所不适，当时我充分地了解了这个帝国主义经济侵略

① 胡迅雷：《中国工业巨子范旭东》，中国青年出版社，1991 年，第 173 页。

② 金城银行档案：《陈公博电永利公司范旭东筹设硫酸铵厂事》，1933 年 11 月 28 日。

③ 范旭东：《对于永利化学工业公司励行新组织之重要谈话》，《海王》旬刊，第 7 年第 10 期，1934 年 12 月 20 日。

的代表的失望情绪。”①

二、筹集建厂资金

知易行难，实际上建设硫酸铵厂同建设永利碱厂一样也困难重重，范旭东当时就对陈调甫等人说：“（把硫酸铵厂）从虎口里夺了回来，就国家全局来说，这当然是有重大意义。而就永利本身来说，简直可以说是自讨苦吃。此时万一我们应付不得法，便可根本动摇。这并非危言耸听，有事实摆在眼前。在铵厂未出货以前，每年三十八万五千的利息，和一切开支，都要这每天一百多吨的纯碱担负，这是已经成了铁案的；出货之后，还有外货倾销的压迫，不知要经过多少时候的奋斗，才能克服得了；此外筹备时期的一切负担，都要靠碱厂开支，最近，没有遇到外货倾销或意外打击就罢，否则，就够头疼的。诸如此类，说不胜说，我们大家须要十分觉悟！”②

首先便是资金问题，没有钱一切白谈。虽然四家银行答应贷款，但那只是口头协议，要最终付款还需要证实永利是否具备借款条件，即还要考察永利资产等实力如何。为此，四家银行派会计前往永利查账，查实永利账本合规实力雄厚。

获得四家银行认可后，永利公司准备扩张股本。范旭东在致永利股东书中呼吁道：“此次公司扩张股本，创建硫酸錏厂，乃公司事业一大转化，非可以寻常动作视之。溯自政府与英德厂商商议合办已经多年，卒以目标互异，不克观成，自国民立场言，如此基本工业，关系民生国计至切，安可假手外人，此理至为明显，原不待多所申述，况与碱业有如化学工业之两翼，绝对不能

---

① 邹秉文：《永利硫酸錏厂建厂经过》，《化工先导范旭东》，中国文史出版社，1987 年，第 110 页。

② 范旭东：《对于永利化学工业公司励行新组织之重要谈话》，转引自师俊山、张鸿敏：《范旭东传：化学工业的先驱》，湖北人民出版社，2007 年，第 150 页。

偏废，即为本公司事业前途计，亦不当忽视……急盼吾股东诸君高举遐瞩，欣然赞同，新募股份，尤望投资，为国家保留利权，为公司新辟生路，不胜切祷。”①

1934 年 3 月 28 日，永利在临时股东会上报告和通过了建设硫酸铵厂一事，并决议将永利制碱公司更名为“永利化学工业公司”，即永利不仅制碱还要涉足制酸等其他化学工业，“从此公司的事业，由制碱一门，进展到化学工业全般领域”②。永利不仅名字改了，资本也扩充了，会议决议永利添加资本 350 万元，其中 150 万元系旧有资产的重估，200 万为上海商业储蓄银行、金城银行、中南银行三家承购新股，加上其他新的股东股金及原来的 200 万股本，永利股本总额为 550 万，是原来股本 200 万的一倍多。

同年 4 月 30 日，永利化学工业公司召开成立大会，选举周作民、景本白、陈调甫、范旭东、侯德榜、周寄梅、刘君曼、李烛尘、余啸秋为董事，由周作民任董事长，由范旭东任总经理，由侯德榜任酸厂厂长。范旭东在大会上讲道：“化学工业，必待酸碱两种基本原料完备，才能发达。中国碱业行将独立，酸则尚未萌芽。公司负吾国化学工业先导使命，日夕未敢忘怀。”③ 会后，上海商业储蓄银行认购新股 100 万，金城银行、中南银行各认购 50 万，这三家银行认购新股所付资金大大地充裕了建设硫酸铵厂的资金。

但仅这些资金还是不够，如之前邹秉文所估算建设一个年产 5 万吨的硫酸铵厂需要 1200 万元。剩余资金怎么办？范旭东决定发行公司债券，早在 1930 年永利“为增加产额整理债务起见”

① 范旭东：《为办錏厂总经理致股东书》，赵津主编《“永久黄”团体档案汇编——永利化学工业公司专辑》，天津人民出版社，2010 年，第 257 页。

② 范旭东：《创建硫酸錏厂本末》，《海王》第 12 年第 31 期，1940 年 7 月 30 日。

③《公司合营永利久大化学工业公司历史档案》，永利档案卷顺序号 10。

就发行过 200 万债券，实际售出 100.7 万，债券息金皆按章程拨付，永利公司的财务信用因此非常稳固。所以，虽然发行公司债券在当时是创举，很少有公司和银行敢冒风险，但鉴于范旭东自己及永利的信用，范旭东决定再次发行公司债券为建设硫酸铵厂筹款。

1934 年 12 月，永利再次发行 550 万债券，“以债务人所有之新建筑及原有全部之动产、不动产为担保品，并由债权人派会计员遵照公司章程管理一切账目”[①]。其中，上海商业储蓄银行、中国银行各担 150 万，浙江兴业银行担 100 万，金城、中南银行各担 75 万。因为体谅永利为国兴业，债券利率减为年息七厘，但即使如此每年也须付债券息金 38.5 万。

后来，由于续建硫酸铵厂需要，永利又于 1936 年 5 月与银行签订了一个 110 万元的临时透支借款合约，其中上海、中国两银行各担负 30 万元，浙江兴业银行 20 万元，金城、中南银行各担 15 万元。

1937 年，在硫酸铵厂即将出货时，因为所需费用剧增，永利计划再次发行公司债券 1500 万元，其中第 1 期债券 1000 万元。因为不久全面抗战爆发，此合同没有正式签订，但银行们后来实际上也陆续拨付给永利 970 万元。

至 1937 年“七七事变”时，永利共借上海商业储蓄银行 280 万、金城银行 250 万、中国银行和交通银行各 200 万，中南银行 150 万，浙江兴业银行 120 万。“此数同上海四家银行在一九三三年与范旭东口头约定的借款总额完全相符，只是增加了中南银行、交通银行两银行”。[②] 1933 年上海、金城等四家银行只是与永利达成了一个口头协议，而最终都按照这个口头协议执行借

① 赵津主编：《“永久黄”团体档案汇编——永利化学工业公司专辑》，天津人民出版社，2010 年，第 338 页。

② 邹秉文：《永利硫酸铔厂建厂经过》，《化工先导范旭东》，中国文史出版社，第 84 页。

款，可见当年银行之信用。而这些借款，永利于1943年至1948年全部还清，也可见范旭东及永利之信用。

筹集这些建厂资金有多艰难，耗尽范旭东多少心血，可能只有范旭东自己知道。要求人，要论证，要签字，要还款……是什么支撑着范旭东呢？他在1936年发表的文章《永利硫酸铵厂概况》中如此说："我们激于爱护国家基本工业之热忱，不得不再负重责，举办氮气工业。正值国难严重，不暇顾及个人的利害得失，衷心只为复兴祖国，竭尽心力而已！"①

在永利急需资金时，宋子文曾想"雪中送炭"，甚至愿意由他的中国建设银行承担全部硫酸铵厂的投资。很多永利职工对此也很乐见其成，认为由中国建设银行承担投资既省事又安全，毕竟在国字号银行"大树底下好乘凉"。但范旭东却婉拒了宋子文，他认为官商合办从来没有好结果，"我国任何政府参加的工矿，从来没有表现过良好的结果，美其名官商合办，实则商股根本无权，而官场中种种腐化习惯传染进去，对企业遂成为一种不治之症"②。他还多次和陈调甫、李烛尘等人表示："只要他们（官方）投资一个铜板，我就关门。"③ 这或许是因为当年即1935年张公权挥泪出中国银行的事给范旭东很大刺激，担任中国银行副总裁多年的张公权将中国银行发展成当时最大的银行，却被国民政府以"官股"打开缺口，当国民政府成为最大股东后一纸令下将张公权逐出了中国银行。④

当时，国民政府虽然支持永利创建硫酸铵厂，除了批复同意建厂外还批复所有原料及成品均减免出口转口税，但有些也口惠

① 范旭东：《永利硫酸铵厂概况》，《海王》第8年第30期。

② 张能远：《永利硫酸铵厂始末》，《化工先导范旭东》，第118页。

③ 王忠、韩正彬：《工业先导，功在中华》，《江苏文史资料选辑》第34辑，第71页。

④ 在孔祥熙、宋子文的运作下，中国银行、交通银行、中国通商银行、四明商业储蓄银行、中国实业银行等民营银行先后被吞并，1935年国营银行资本从12%猛增到72.8%，吴晓波在《跌荡一百年》中对此评价："自1935年之后，政府突然将金融业收入囊中，自由经济之脉从此断绝"。

而实不至。如曾批复同意由政府垫付永利公司债息但实际上并未付出一文，曾批准修筑由浦镇到卸甲甸的铁路支线但也并未实际修筑。永利创建硫酸铵厂基本上还是靠自力更生，而这个过程很长很艰难。

三、采购机器设备

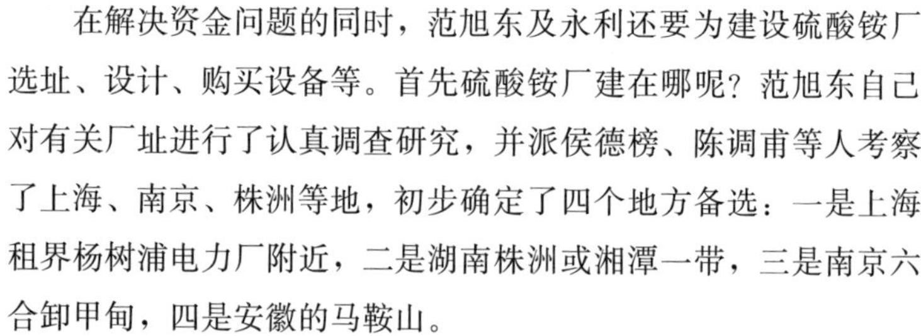

在解决资金问题的同时，范旭东及永利还要为建设硫酸铵厂选址、设计、购买设备等。首先硫酸铵厂建在哪呢？范旭东自己对有关厂址进行了认真调查研究，并派侯德榜、陈调甫等人考察了上海、南京、株洲等地，初步确定了四个地方备选：一是上海租界杨树浦电力厂附近，二是湖南株洲或湘潭一带，三是南京六合卸甲甸，四是安徽的马鞍山。

投资永利的银行意向是上海租界杨树浦电力厂附近，因为他们觉得工厂在租界内安全且离他们近便于控制，如范旭东所言："这些财东一定要把这出戏放在他们大门口唱才放心"①。但上海租界地价太高，如杨树浦一带一万多平方米的地皮高达 70 多万，永利实在承受不起。范旭东曾有意将厂址设在湖南株洲或湘潭一带，但银行大佬坚决反对不愿意向内地投资，范旭东也考虑到在内地建厂运输设备等费用较高，便也放弃了这一选项。

最后，终于确定了在南京六合卸甲甸建厂。卸甲甸传说是项羽行军中卸甲休息的地方，面江背山交通方便，距南京下关码头仅 20 里，距津浦铁路干线仅 25 公里，且靠近首都南京有充足的电力等资源和市场，距离枣庄、淮南、焦作等地的煤矿也不太远，土地价格和劳动力成本也非常便宜。范旭东对此曾写道："本厂设在江苏省六合县，地临长江，中隔八卦洲，过江，即燕子矶，由下关坐小火轮往，下水仅一小时可到；陆路只待修筑三

① 章执中：《我所知道的爱国实业家范旭东》，《湖南文史资料选辑》第 17 辑，第 15 页。

十里支路，可与津浦铁路之花旗营衔接；江边水深，终年可停海轮，交通至便。厂基占地一千数百亩，现只用一半，余待将来扩充与建造其他化学工厂之用。”①

厂址也选好了，接下来就是设计图纸、购买设备了，范旭东将这个重任交给了侯德榜，决定由侯德榜率队赴美国进行硫酸铵厂的设计、采购等工作。临行前，他对侯德榜说：“致本啊，这次向世界各国订购设备，事情繁重。我们必须从‘质量、速度、价格’三方面综合考虑，择优而行。但是，我想再补充一句。日本帝国主义侵占我国东北已经三年了。现在热河又陷入敌手，华北局势急剧变化，大敌当前，对于日本货即使符合优质、快速、价廉三条，也不要，不能贪小利而失了民族大义。你多保重!”②

范旭东到达美国后，首要任务是选择一家可以设计硫酸铵厂的公司。当时与侯德榜接洽的公司不少，但都要价太高，如福塞耳公司所开的设计费高达 34 多万美元。最后，侯德榜与美国氨气公司签订了设计合同，设计费用由最初的 19 万美元减至 10.2 万美元。其实之前美国氨气公司就有意为中国设计硫酸铵厂，其工程师白斯脱经老朋友“石灰窑”介绍，与范旭东等人有过洽谈。

美国氨气公司除了负责设计工厂外，还将派工程师到中国协助建厂，并安排侯德榜带领的永利技术人员到美国有关工厂实习学习相关技术。签完合同后，美国氨气公司总经理蒲柏感叹道：“和侯先生谈判，太紧张了。我们要调动每一根神经，全身心地投入，以回答他突如其来的每一个细枝末节的问题”③。

因为美国厂家原有图纸不能直接套用，美国氨气公司重新设计了 700 多份图纸。侯德榜率永利技术人员对这些图纸一一进行

① 范旭东：《永利硫酸铵厂概况》，《海王》第 8 年第 30 期。
② 李玉：《企业先驱：范旭东大传》，中华工商联合出版社，1998 年，第 185 页。
③ 李玉：《企业先驱：范旭东大传》，中华工商联合出版社，1998 年，第 186 页。

了审查、校对、修改。范旭东在给实业部所报的文件中对此说道："美国氨气公司所绘全厂设计图样有七百余种，该公司为设计分别发出询价及工作说明信件不下三万封，事之繁复可想而知……"①

到1935年春，设计工作终于基本完成，接下来就是采购机器设备了，范旭东和侯德榜商定的购货原则是"除制硫酸铵外，凡氨气工业应有的设备都应尽量促其成立"。范旭东后来回忆道："本厂的机器非常复杂，一部分要耐高压和高温，既极笨重，又极要精密；一部分要耐高度的强酸，和普通化学工厂用的完全不同，加之我们资金有限，还要打算盘，处处非省钱不可。"②

刚开始采购时，有些美国公司企图借机从永利身上大捞一把。因为硫酸铵厂需要购置四个深井水泵，侯德榜便打算向奇异公司购买。没想到，奇异公司竟然回信说不卖就是不卖坚决不卖。为何竟然有货不卖有钱不赚呢？后来，侯德榜打听到，原来另外一家慎昌公司知道深井水泵是建设硫酸铵厂必需设备，便向其他公司打招呼坚决不能卖给永利，否则将不择手段予以报复，永利公司要买就只能买他家的，如此慎昌公司便可大赚一把。经过李国钦从中协调，此趁火打劫之事才得以妥当解决。

后来，永利的采购任务便全部委托给了李国钦所办的华昌贸易公司，永利之前购置制碱设备时也是全权委托给华昌贸易公司的。在采购过程中，侯德榜和李国钦坚持范旭东交代的"质量、速度、价格、爱国"原则。质量第一，所购的关键设备全部都是德国货，如生产肥田粉的关键设备循环压缩机购自德国公司，正常运行长达52年，其他重要设备也都来自英、美、瑞典，到"1990年仍在使用的有50台（套）"③。

① 邹秉文：《永利硫酸铔厂建厂经过》，《化工先导范旭东》，中国文史出版社，第82页。
② 范旭东：《创建硫酸铔厂本末》，《海王》第12年第31期，1940年7月30日。
③ 南京化学工业《南化志》编委会：《南化志》，1994年，第415页。

至于不太重要的辅助设备，侯德榜则尽量从拍卖市场中选择物美价廉的，节省了大量资金。且每买一个设备，侯德榜都尽量再千方百计地索要“礼物”，如买了美国厂家的制硫酸设备后又索要硫酸铵生产工艺图纸，购买了瑞典的硝酸生产设备则要求送烧碱所用的镍管。化身为“砍价博士”的侯德榜后来对此说：“中国是一个穷国，钱有限，该花的钱要花，如果可省的钱不省，这怎么对得起在国内的永利同人。尤其是范先生为筹措资金费尽心机，永利的钱来之不易啊，不省一点行吗?”① 此外，侯德榜还按照范旭东嘱托，没有买一件日本货，不买就是不买，坚决不买。

因为长年累月的辛苦工作，尤其是要熬夜加班设计、采购，侯德榜得了很重的“枯草热”病，夜间鼻子呼吸困难导致严重失眠。且当时侯德榜母亲正好去世，侯德榜老家又被盗，但身心俱疲的侯德榜还是坚持工作，他在给范旭东的信中写道：“私人身体，家庭情况，国家情形，无一不令人烦闷，非隐忍顺应，将一切办好，万一功亏一篑，使国人从此不敢再谈‘化学工业’，则吾等成为中国之罪人矣……吾人今日只有前进，赴汤蹈火，亦所弗顾。其实目前一切困难，在事前早已见及，故向来未抱丝毫乐观，只知责任所在，拼命为之而已”②。侯德榜的这种“拼命为之”的精神，很多年后依旧让我们肃然起敬。

四、制酸成功

在侯德榜忙于在国外设计、采购的同时，范旭东率永利同人在国内忙着硫酸铵厂建厂和设备制造安装等事宜。

1934 年 3 月，江苏省政府批准永利在六合购置 1300 亩土地

① 李玉：《企业先驱：范旭东大传》，中华工商联合出版社，1998 年，第 190 页。
② 宋子成、于有彬：《责任所在，拼命为之》，《自然辩证法通讯》，1980 年第 2 期。

作为厂房建设用地。“收买地皮，再琐碎不过，第一次买定一千三百多亩，什九都是农田，地主零星到极点，甚至一家只有几分地的，农村资产贫弱到这般地步，出人意外，说给正在忙着设厂制造农肥的人听了，自然免不了许多感慨。等到给价验收，又经许多波折，延到六月底才告结束。”①

1934 年 6 月购地完毕，7 月开工建设，到 1935 年上半年厂房基本建设完毕，还兴建了全长 76 米的江边大码头可供 3 个仓口同时装卸，“可以停泊 5 千吨外洋大轮，为当时全国各大商埠公私码头所罕见”②。此外，还建成了一个铁工厂和铸造厂，因为硫酸铵厂的核心设备氨合成塔重达 100 吨，要将它从美国运来的船上卸到岸上需要大型起重机。当时我国没有这样的起重机，从国外进口的话需要巨款，范旭东经过考察后决定由永利自己来建铁工厂、铸造厂制造起重机，同时铁工厂和铸造厂还可以制造其他一些机器设备。一些永利自己不能制造的机器设备则交由国内其他厂家生产，以节省经费。

永利自己造的起重机

1935 年 5 月，国外订购的一些机器设备终于运来了，与之同来的还有美国氨气公司派来的三位技师，这些技师协助安装机器设备。机器设备中的那一百吨重的氨合成塔，通过永利自己造的起重机一个小时内在鞭炮和欢笑中顺利卸下，创造了长江口岸起重的纪录，也使得这里成为当时中国

① 范旭东：《创建硫酸铔厂本末》，《海王》第 12 年第 31 期，1940 年 7 月 30 日。
② 南京化学工业《南化志》编委会：《南化志》，中华书局，1994 年，第 175 页。

起重吨位最大的工业码头。

因为缺少熟练工人和经验，在安装设备中也多次发生事故。同年年底，硫酸铵厂基本设备终于安装完毕，永利在国外的实习人员也已回国。1936 年 3 月 24 日，侯德榜也回到国内，范旭东率永利员工在码头等待，“欢迎侯博士胜利归来”的标语迎风招展。等侯德榜上岸后，范旭东紧紧握住侯德榜的手道：“侯先生，您辛苦了!”侯德榜满含热泪地回道：“范先生，国内的一切都靠您支撑，您也很辛苦”!

范旭东还特意召集久大、永利公司同人和侯德榜见面，介绍侯德榜“他完成了两桩重大的任务。其一为铔厂的设计，其二为采购全厂机器。设计图样共有七百多种，问价和说明的信件不下三万多封，他只用几个助手帮忙，其余都系自己动手，每天工作恒在十一二个钟头以上，他这样苦干的结果，我们卒以极廉的代价，完成了极大的事业”①。后来，范旭东还称赞侯德榜：“整个工程系统由彼一人主持，这是人所共知的……他经手公司采购器材的资金……动辄千万元，也没有同事帮助他清账目，但账目一丝不苟，比公司任何账目都清楚”②。

回国后，侯德榜在卸甲甸不“卸甲”不辞辛劳，全面负责硫酸铵厂的施工和机器设备的安装。他穿着蓝色工作服白天在工地，晚上审核图纸，忙得送饭菜有时候都找不到侯德榜，找到了他也没空好好吃饭，经常满脸油污就吃了起来。范旭东则要忙于筹款，有时候也会到工地视察，和侯德榜一起解决各种遇到的问题，比如定制的变换设备主要指标没达到要求就只能报废另造。

①《在侯德榜由美回国见面会上的讲话》，《海王》第 8 年第 24 期，1936 年 5 月 10 日。
② 郑开宇：《化工先驱侯德榜》，天津人民出版社，第 51、56 页。

永利硫酸铵厂车间

1936年底，硫酸铵厂全部组装工作基本完成，一座气势雄伟的化工厂凭空而起矗立在卸甲甸，如同巨龙般蜿蜒。“当时的报道描述说：‘由下关乘该公司汽轮到厂参观，则于船中遥望卸甲甸数千公尺江岸硫酸铔厂建筑物，连云江上，气象森森，令人对中国化学工业前途，有特殊兴奋焉。’”①

元旦过后，各项准备工作都已就绪，神圣的时刻即将到来。1937年1月26日生产硫酸成功，1月31日生产液氨成功，2月5日生产硫酸铵成功。永利终于制酸成功，中国终于生产出自己的酸来了，中国化学工业的一大空白又被填补了，范旭东当天兴奋地记载道：“列强争雄之合成氨高压工业在中华于焉实现矣……”②他又感慨地道：“我国先有了纯碱、烧碱，这只能说有了一只脚；现在又有硫酸、硝酸，才算有另一只脚。有了两只脚，我国化学工业就可以阔步前进了。”③ 他还请了清华校长周诒春、孙学悟等人在家中聚餐，很少喝酒的他举杯畅饮道：“痛快！今天真痛快！”

---

① 李贵娟：《读懂民国商人》，团结出版社，2013年，第113页。

② 邹秉文：《永利硫酸铔厂建厂经过》，《化工先导范旭东》，中国文史出版社，第82页。

③ 章执中：《我所知道的爱国实业家范旭东》，《湖南文史资料选辑》第17辑，湖南人民出版社，1983年，第39页。

为了庆祝制酸成功，永利特意召开了庆祝大会，范旭东在会上激动地说："中国基本化工的另一翅膀又生长出来，从此海阔天空，听凭中国化工翱翔，再不受基本原料恐慌了"①。美国氨气公司工程师白思脱作为外国专家代表则说道："中国人很伟大。就我在世界各地参加过的同类工程相比，在工程进展速度和质量两方面来说，中国稳居第一。尤其是永利的专家和工人艰苦奋斗、办事认真精神，使我深为感动。"②

永利生产出我国第一批化肥

1937 年 2 月，在硫酸铵厂剪彩之日，范旭东登上硫酸铵厂最高建筑，看到曾经的农田变成了工厂，数千米范围都属于硫酸铵厂，烟囱耸立铁甲蜿蜒气象万千欣欣向荣，他感慨道："基本化工两翼……酸和碱——已成长，听凭中国化工翱翔矣！"③

永利历时三年多，耗资 1200 万建成硫酸铵厂，不仅是中国工业史的创举，其建厂速度、工厂规模和投资、设备、技术等在东亚也是罕见，被誉为"远东第一大厂"，因此引发了社会强烈关注、赞扬，各种采访、参观、荣誉纷至沓来。有评论将它和美国杜邦公司相媲美，美国大使当年 4 月 27 日也来参观，甚至永利职工在外面买东西都不需要付现钱。"他胸前的厂牌就是钱！人家只要见永利公司的厂牌记下一个厂牌号，东西随便拿，越多越

① 范旭东：《人毕竟是人》，《海王》第 15 年第 27 期，1943 年 6 月 10 日。
② 李祉川、陈韶文：《侯德榜》，河北教育出版社，2001 年，第 118 页。
③ 李金沂：《范公旭东生平事略》，《海王》第 18 年第 17—19 期，1946 年 3 月 20 日。

好，全部记账的。全南京都这样，多爽气！”[①]

对此，范旭东清醒地说：“必请各位注意，（硫酸铵厂成功）决不是偶然的结果，也不是那（哪）一个人或那（哪）一个团体特别努力的缘故。”[②] 他还告诫同人：“我们虽然取得了成就，但只能算掌握了初步生产知识，若拿国际标准来衡量，还差得很远，焉敢自满自得？至于管理，别说同英美国先进国家相比，就是国内一些单位都比我们高明百倍。”[③] 他还提醒永利硫酸铵厂在接待参观时不要仅仅展示先进设备，更要介绍永利创业历程和化工对国计民生的重要性，以及强调海洋与化工的关系。

南京硫酸铔厂全景

对于硫酸铵厂的发展，范旭东也有明确规划。首先要努力生产，争取在短期内还清债务，确保信用，使工厂真正成为永利自己的工厂；其次，继续生产出其他品种的酸来，以应市场需要；还要积极拓展市场，尤其是农村市场，当时永利产的红三角牌肥田粉因为物美价廉而大受农民欢迎，这也是中国自己生产的第一批硫酸铔化肥；再者优待人才，范旭东要求对技术人员给予最优厚待遇，要求事务部对技术人员提供送煤上门等“上门服务”，单身员工一人一个单间且有专人打扫卫生，给北方员工专门聘请了厨师做小灶，永利员工免费乘坐往返于南京与永利硫酸铵厂的

① 张能远：《血路烽烟范旭东》，团结出版社，2014 年，第 259 页。

② 范旭东：《人毕竟是人》，《海王》第 15 年第 27 期，1943 年 6 月 10 日。

③ 黄汉瑞：《回忆范旭东先生》，《文史资料选辑》第 80 辑，文史资料出版社，1982 年，第 42 页。

永利号轮船，每位员工家里发一台电扇……永利还新建了职工宿舍 6 栋，“其中五所别墅式洋房，建筑面积 1675 平方米，每栋配备暖气、卫生间、纱门、纱窗。该洋房主要用于接待外国专家和厂里上层人员居住”①。

为了感谢李国钦对永利的支持，1937 年 4 月 30 日永利化学工业公司第三届股东大会上，李国钦被一致推选为董事会董事。李国钦专程从美国回国参加了本次股东大会，范旭东在此次股东会上评价李国钦道：“他在美国多年，公司碱、铔两厂之工程设计都承他帮助，李先生不仅是本公司股东，也是公司最忠实的老友。”

在范旭东、侯德榜的领导下，永利硫酸铵厂当时日产氨 39 吨、硫酸 11.2 吨、硫酸铵 150 吨，1937 年共产硫酸铵 1.87 万吨，所生产的硫酸、硝酸、硫酸铵、液体阿摩尼亚等化工原料皆与炸药、医药、印染等化学工业密切相关。永利硫酸铵厂蒸蒸日上前程似锦，但是，不久 1937 年全面抗战的爆发改变了这一切。

① 南京化学工业《南化志》编委会:《南化志》，1994 年，第 392 页。

第四章　再建化工基地

一、塘沽产业沦陷

1937年初，范旭东领导的整个"永久黄"事业都在蓬勃发展欣欣向荣。[①] 当时，久大盐厂产盐400万担，全国4亿人每人每年可吃久大盐厂的盐一斤；青岛的永裕盐业公司拥有60多万公顷的盐田，资产比刚接手时增产3倍；永利碱厂有工人1000多人、职员100多人，1936年年产纯碱55410吨、烧碱4446吨，是建厂以来的最高纪录；永利碱厂的主厂房是当时华北最高建筑且成为整个天津的标志性建筑，被誉为"东亚第一高楼"，高楼顶上闪耀"永利"两字的霓虹灯成了进港船只的灯塔[②]；硫酸铵厂也刚刚建成顺利投产……

事实上，"永久黄"已成为中国化工托拉斯集团，占据了中国盐、酸、碱、化肥等化工产品的绝大市场，前途一片光明，"永久黄"员工也都踌躇满志，准备"撸起袖子加油干"。公司有一位年轻的职员兴奋地对范旭东说："用盐制碱，用煤炼焦，已迈进了'海陆'二途。完成氮气工业又奠定了利用空气资源的始

① 不仅永利，因为国内局势稳定及国民政府采取了一系列有利于工商业发展的新经济政策，1927年至1937年中国工商业进入第二个发展"黄金时期"，但这个"黄金时期"和之前的16年"黄金时期"有很大区别，如吴晓波《跌荡一百年》中所言："这是国家强力干预经济的10年，是统制经济的10年，是国营事业和重工业高速成长的10年，是民营资本饱受压抑的10年"。

② 该高楼在1976年唐山大地震中毁坏无存，据学者傅国涌《大商人》一书所写，天津碱厂内如今唯一剩下的老房子是"科学厅"，黄海研究社旧址还在，已成为厂史陈列室。

“永久黄”集团职员合影（前排右五为范旭东、右四侯德榜）

基，真是足迹涉及‘海陆空’。范先生，我们的事业可谓是一片光明啊”。

不料，范旭东叹了一口气，回应道：“你还年轻，对时局的变化还不了解。唐朝大诗人李商隐曾作过一首《乐游原》的诗，最后两句不知你是否背得，‘夕阳无限好，只是近黄昏’，永久黄前途难卜呀！”①

为什么范旭东会有如此感叹？因为他已经意识到战争的步伐越来越近。早在1933年《塘沽协定》签订之时，范旭东就已嗅到了日军侵略者的野心，这也是他没有将永硫酸铵厂再建在塘沽的原因。1935年，日本唆使汉奸殷汝耕成立了“冀东防共自治政府”，同年5月又签订了《何梅协定》，塘沽实际上已经沦入了汉奸之手。此后，形形色色的日本人在塘沽越来越多，日军还经常到永利碱厂搜查制造各种事端，碱厂的生产受到严重干扰。

范旭东一方面命人将用日语写着“无用の者入可ス”的牌子悬挂在厂门外拒绝日本人进厂，一方面和永利碱厂厂长李烛尘商量安排应对事宜，如在碱厂内以厚钢板和碱袋修筑了防空洞防止

① 许腾八：《永利碱厂的创办和迁川始末》，《自贡文史资料选辑》第13辑，第121页。

空袭，并整理永利碱厂重要档案转存于天津永利公司总管理处。为了应对日寇骚扰，范旭东还同意公司聘请一个日本人担任永利顾问，每月报酬300元。[①]

1937年“七七事变”爆发后，日本发动了全面侵华战争。7月29日、30日，北平、天津相继沦陷。天津沦陷后，永利“原料、材料、燃料的供应，成品的运输，顿成问题。职工不愿受日军威胁，纷纷退出工厂，避居天津以观变化”[②]。因为交通中断，原料进不来，产品也运不出去，工厂无法继续生产，范旭东只好下令久大公司、永利碱厂人员疏散。

8月7日，塘沽也沦陷了。塘沽沦陷后，日军包围了位于塘沽的久大盐厂、永利碱厂，但刚开始还没有直接明抢，而是提出要“购买”久大和永利。因为当时二战尚未全面爆发，而久大、永利在国际上享有声誉，日本迫于舆论压力还想“名正言顺”地占有久大、永利。当时天津的《京津日日新闻》曾报道：“关于收买华北唯一之化学工业永利公司问题，曾由日本曹达会社与各关系方面研究种种对策。”[③]

对此，范旭东指示留守天津的负责人李烛尘予以坚决拒绝，“厂外者可听其占用，不必谈租或卖”[④]。在前不久蒋介石举行的庐山会议上，作为实业界代表出席的范旭东已获知各方团结抗战的决心，因此他抱定了“宁为玉碎，不为瓦全”的宗旨，坚决不能“卖”给日本。而日本多次要求“买下”久大盐厂、永利碱厂，范旭东气愤地说：“我厂子不卖，你要就拿去好了！”[⑤]

---

① 胡迅雷：《中国工业巨子范旭东》，中国青年出版社，1991年，第193页。

② 余啸秋：《永利碱厂与英商卜内门洋碱公司斗争前后略》，《化工先导范旭东》，中国文史出版社，1987年，第84页。

③ 赵津主编：《“永久黄”团体档案汇编——永利化学工业公司专辑》，天津人民出版社，2010年，第553页。

④ 赵津主编：《“永久黄”团体档案汇编——永利化学工业公司专辑》，天津人民出版社，2010年，第555页。

⑤ 郭炳瑜：《永利碱厂五十年见闻》，《化工先导范旭东》，中国文史出版社，1987年，第91页。

日本看到“购买”不成，便又打着“中日亲善”的名义想“合作”，找来日本三菱公司出技术、资金要与永利合作。对此，李烛尘搬出永利章程中的公司股东“以具有中国国籍者为限”的规定来拒绝。永利还在上海英文报纸《中国快报》上刊登声明：“自二十六年七月中日战事发生以来，本公司塘沽碱厂与卸甲甸硫酸铔厂虽因不便工作先后暂行停工。但本公司系属商办，财产所有权绝对确保，任何人，不论外籍或本国籍，如有借战时秩序纷乱加以侵害者，本公司有追及权，其一切损害之责任应由侵害人负之。特此声明。”①

这时英国卜内门公司也趁火打劫企图吞并永利，卜内门派其华人董事孙仲立向永利“建议”将碱厂改为中英合办，卜内门以30万元押金作为抵充，如此便可以在英国的保护下保全碱厂。对此，范旭东意识到这是引狼入室，如此合办迟早会被卜内门吞并，因此他也予以坚决拒绝，声明“无法考虑”②。

范旭东指示李烛尘督促“全体职工，拆除设备，退出工厂，留津待命”③。李烛尘按照范旭东的明确要求，一方面紧急疏散员工，尤其是对技术人员的疏散做了周密安排，保全了东山再起最重要的“资本”；另一方面，派人以修理名义拆卸机器设备，重要的能运走的设备都尽量偷偷运走，重要的运不走的设备则拆掉毁掉绝不资敌，还将工厂图纸整理完毕后用铁捅装好带走，没法带走的图纸和资料则集中在烧碱炉里烧毁。

李烛尘作为永利碱厂厂长被迫经常陪着日军“参观”工厂，日军也经常搜查工厂，永利一位职员对此回忆道：“在这隔绝消息的死胡同里，仍然过着我们日常的工厂生活，但是比之往日的

① 赵津主编：《“永久黄”团体档案汇编——永利化学工业公司专辑》，天津人民出版社，2010年，第554页。

② 余啸秋：《永利碱厂与英商卜内门洋碱公司斗争前后略》，《化工先导范旭东》，中国文史出版社，1987年，第84页。

③《永利厂史资料》第2卷。

欢欣，已是另一番滋味！其中最感到被压迫的苦痛的，莫过于我们厂长。时常被迫着参观，敌人总是要找出制造氯气的地方，结果是失望。他们以为在这样一个以盐作原料的工厂，连带这样大一个盐厂，并且还联合有一个规模不小的试验室，会找不出制氯的设备来，是使他们特别怀疑的地方。所以一批一批的，如其说参观，不如说搜查，以致最后，敌人要在我厂前后左右各交通外界门道上，设立岗位，做一种实际的督察”①。

“购买”“合作”都不成，日军又想到一个“妙招”。1937 年 12 月 9 日，日军派人拿着一份预先拟好的永利同意接受的协议文本逼李烛尘签字。李烛尘对同来的日本兴中公司代表平山敬三怒斥道：“我不能且不愿与任何人签订任何契约！你这办法，只能威胁别人，可不能威胁我！世间有‘保护国’这名词，未听到有‘保护工厂’这乖巧名目，你真的想得不错！平山先生，你既然口口声声说军部如何如何，军部有枪在手，强夺便了，又何必签什么字呢？你要知道，抢夺人家的产业，就是土匪，世间岂有土匪抢夺主人的东西，还要主人签字的道理？你们也未免太小心，太无勇气了！”②

各种威逼利诱无效后，日军终于决定要明抢了。就在李烛尘拒绝签字的第二天，日本军部下令兴中公司开进永利碱厂强行接管。至此，“永久黄”在塘沽的产业全部陷入日寇之手。日本技术人员进入永利碱厂后大失所望，很多机器设备要么没了要么被拆毁了。于是，一方面，日军气急败坏地大肆在天津搜捕永利工程师，要将他们抓回去修理机器设备，而此时永利的工程师们其实已携带图纸乘船南下；另外一方面，日方又威逼李烛尘与其“合作”，李烛尘坚决拒绝道：“请你注意，你们今日把我们的产

①《塘沽碱厂停工的追忆》，《海王》第 11 年第 3 期。
②《记塘沽工厂陷敌的一幕》，《海王》第 18 年第 2 期。

业完完整整拿去，将来必要完完整整归还我们！”[1] 随后，他乔装打扮登上英国船只撤离天津，行李箱里装有碱厂的全套设计资料。留守在工厂的看护人员也一方面与日军周旋，一方面悄悄地将工厂管道全部堵死，致使工厂无法开工生产。

日本人占领工厂后，曾经欣欣向荣的“中国化工的耶路撒冷”变成了人间“地狱”。“黄海的图书馆，做成了敌军的运输司令部；明星小学校舍，驻扎特务机关；太平村、联合村，是马厩和堆栈；新村住着管理工厂的敌人和效忠敌人的奸细们；新街、民主街一带，挤满了浪人、娼妓、烟馆、赌摊。总而言之，那地方已非人世”[2]。

而永利并未就此屈服，永利公司于1937年12月21日致信日本兴中公司平山敬三道：“昨接台端十八日投邮来函一件，内称敝工厂已有冀东特务机关长委嘱贵社运营，并不日将派员准备一切云云。查敝公司本系股份公司，其主权属于股东会，敝工厂现时虽暂行停顿，但若委任运营等事项，则完全属于公司主权问题，除股东会以外，即董事会，或总经理，亦无权独自主持，何况敝同人等，不过公司雇佣之中级职员，更属无权考虑此项问题。日前贵社刀根先生来敝公司时，已经敝同人将此种立场，详细向之说明。贵社同人，均系商业界之巨子，对于敝同人等之地位自能见谅，故来函所称各节，无论贵社已否受有特务机关之委嘱，但就敝同人等之权限而论，对贵社来函意旨实无法接受。”[3]

二、被迫撤离西迁

塘沽的“永久黄”产业沦入日寇之手的同时，南京刚刚投产

① 《记塘沽工厂陷敌的一幕》，《海王》第18年第2期。
② 《为久大永利工厂纪念日作》，《海王》第15年第21期。
③ 赵津主编：《“永久黄”团体档案汇编——永利化学工业公司专辑》，天津人民出版社，2010年，第558页。

的永利的硫酸铵厂也在被日寇逐渐吞食。1937 年 8 月 13 日淞沪会战爆发，日军对上海、南京发动攻击，从 8 月 15 日起日军飞机对南京开始为期了四个多月的轰炸。

永利生产的硝酸是制造炸药的重要原料，范旭东在全面抗战爆发后便让永利硫酸铵厂转产硝酸赶制炸药，让永利的铁工厂制造地雷壳、军用铁锹等军用物资，以实际行动支援抗战。日军对此非常羡慕嫉妒恨，知道硫酸铵厂稍微改动即可充当军工厂，因此多次派人找范旭东要求“合作”，“只要愿意合作，工厂的安全就可以保证”，否则便会派飞机轰炸永利。范旭东对此予以坚决拒绝，誓言道：“宁举丧，不受奠仪”，即宁愿为永利举办丧礼也绝不苟且。

日军恼羞成怒，于 1937 年 8 月 21 日、9 月 27 日、10 月 21 日三次派出飞机轰炸永利硫酸铵厂，共有 87 枚炸弹落到厂区。工厂遭受重大损失，尤其是在第三次轰炸中，硫酸厂、动力车间、大气柜等被炸坏，附近的南京下关电厂也被炸毁，永利铵厂生产被迫停止。

遭受轰炸的电力设备和厂房

三年多的心血，1200 多万的投资，“远东第一大厂”硫酸铵厂就这样被炸毁，范旭东心痛如焚。他一方面下令将剩余的机床转移到山洞，在山洞里继续生产炸药；另外，他在每次被炸后都发电报给永利硫酸铵厂安慰同人，如在第一次被炸后，他发电报道：“电悉敌不惜再三来袭，足见本厂与民生国计关系之密切。物质损失何足萦怀，全员平安是所至慰。吾辈当以最大忍耐与信心，克服一切困难，为祖国化工尽瘁至敌人屈服而后已。幸毋悲愤，仍当努力恢复工作”①；在第二次被炸后，他发电报称：“敌机轰炸本厂早在意中，诸君立于国防工业第一线，悲壮胸怀可歌可泣。祖国复兴在望，切祝致力，不虚全团体同人，当为诸兄后盾，谨电慰问，幸为国珍重”②。第三次被炸后，范旭东亲自赶到硫酸铵厂来视察、慰问。当时是 1937 年 11 月，日军已占领上海开始向南京进攻，南京周围到处都是日本士兵和日军飞机，范旭东是冒着生命危险赶来的。

到达硫酸铵厂后，范旭东和侯德榜紧紧相拥泪如雨下，建厂以来的多少辛酸苦难都化作泪水。范旭东指示侯德榜将能运走的重要机器、设备、图纸、材料等都统统运走西迁，不能运走的都埋起来或毁掉烧掉或扔到江里，厂里的技术人员一律向汉口转移。对于永利硫酸铵厂西迁，公司内部也有反对声音，如永利董事长周作民就曾劝阻过范旭东，但范旭东坚定地说：“没有国家、民族，还有什么个人事业！我绝不愿惑于私利，图苟安于一时”③。

侯德榜按照范旭东指示组织相关转移工作，请担任太沽船长的英国同学帮忙运输，直到 12 月 5 日日军三面围城他才在依依不舍和愤怒悲痛中撤走。汽笛声声，大雨淋漓中，全身湿透的侯德榜痴痴望着工厂，内心怒吼道：“铵厂，我们要回来的，我们一定会回来的。”因为南京沦陷得太快，使得永利硫酸铵厂转移工作很是被动，“此时工厂除早运出的一份图纸和一部分仪表，只拆迁得全部铁工部机件和一小部分其他机件”④。

①《范旭东文稿》，天津渤化永利化工股份有限公司，2004 年，第 137 页。
②《范旭东文稿》，天津渤化永利化工股份有限公司，2004 年，第 138 页。
③ 胡迅雷：《中国工业巨子范旭东》，中国青年出版社，1991 年，第 197 页。
④ 张能远：《永利硫酸铔厂始末》，《化工先导范旭东》，中国文史出版社，第 122 页。

范旭东（左二）、侯德榜（左一）在永利硫酸铵厂

12月中旬，范旭东又派了九位技术人员乘坐最后一班东下的轮船到达硫酸铵厂，准备将其他重要机器设备拆卸运走或就地销毁。只是此时硫酸铵厂已被日军占领，这些人只能无奈原路返回。

日军占领硫酸铵厂后将工厂洗劫一空，在厂里汉奸的引领下挖出埋藏的设备，其中重要的设备则拆掉运往东瀛安装在日本工厂，包括可以生产硝酸的全套设备。“这套设备有八座吸取塔、一座氧化塔、一座浓硝塔。合计二十八套，一千四百八十二件，总重五百五十吨，全为高级合金钢板制成，其中仅做催化剂用的铂金网，就值四万美元”。① 幸运的是，后来这套设备在侯德榜、李烛尘等人的力争下②运回中国，成为我国战后从日本拆回的唯

① 张能远：《永利硫酸铔厂始末》，《化工先导范旭东》，中国文史出版社，第122页。

② 李烛尘曾当面向蒋介石交涉认为应归还这套设备，侯德榜则在《大公报》发文《向日本拆回被劫去的硝酸装置》赢得舆论支持，1947年7月7日侯德榜亲赴日本当面向麦克阿瑟据理力争，最终美方同意归还这套设备，侯德榜看到机器后叹息说：“我们的新机器经过他们这么多年的折磨，我已经不能全认识他们了，它们真是憔悴不堪。”

一一套机器设备。

而久大盐业公司大浦分厂在1937年5月23日正式制盐不久便遭遇抗战爆发，生产的27000担精盐无法运出便暂停生产，后来经多方奔走终于将盐运走复产。全面抗战爆发后，范旭东致信分厂厂长唐汉三："此次之战乃中华民族生死荣辱有关，吾侪为国家、为事业，一切痛苦皆当含笑忍受，艰苦奋斗，至无可奈何时始行放手。淮厂毗连战区，不久将波及，万一竟无法维持，亦只有将厂屋设备稍事检点，同人无妨离开，设备上之损失究属有限，亦唯有含笑忍受。"①

大浦分厂遵照范旭东嘱托坚持生产，直到1939年12月26日唐汉三等人才挥泪告别分厂，并将厂里存盐及重要设备运往汉口。后来，久大自贡盐厂之所以在短短四个月内建成，主要就是靠这批机器设备。而在1938年1月日本占领青岛后，青岛永裕盐业公司拥有的60多万公顷盐田也在二十多年后再次沦入日寇之手。

就这样，"七七事变"以后，"永久黄"所有的久大盐厂、永利碱厂、永利硫酸铵厂、久大大浦分厂、青岛永裕盐业公司等几乎全部沦入日寇之手，范旭东二十多年历经千辛万苦创建的辉煌产业就这样毁于一旦。当时，永利碱厂资产共值500万，永利硫酸铵厂资产共值1600万。

范旭东心里该是多么的悲痛，再加上他听闻南京大屠杀的惨剧，更是悲愤不已，但他并没有绝望。他在当时给永利同事的信中写道："阅后愤甚，敌人凶暴乃至如此！临月之孕妇殉难，真绝世惨剧，易地而处，其何以堪！人类到如此，可谓野蛮到极点，敌人欲以此克服中国之抗战，完全是做梦，吾人绝对不为暴力所屈服也……在今日情况下，如能做一点事，必当加紧，虽未

① 唐汉三：《淮厂回忆录》，《海王》第16年3期，1944年7月20日。

必于抗战救亡有何直接裨益，良心则当如此。”① 范旭东这种态度非常值得我们今天学习，我们在“今日情况下，如能做一点事”也“必当加紧”，虽未必于社会发展有何直接裨益，“良心则当如此”。

对于日军侵华，范旭东向来坚决反对。在1933年，他曾写信给日本京都大学的老师，表示不能和老师保持通信联系了，并对日军侵华表示强烈谴责、抗议。次年，范旭东出差住在上海南京路华安大厦，日本常驻青岛永裕盐业公司代表也住在此处，他进入范旭东房间说：“满洲国已成立了，‘九一八事变’是地方事件，现在无碍中日两国邦交”。范旭东对此用日语怒斥道：“你欺人太甚！你侮辱我的国家民族，你我势不两立，快给我滚出去！”②

对于日寇对久大、永利的侵占，范旭东及永利绝不承认，曾在重庆《大公报》《中央日报》连续三天刊登启事：“敝公司在河北省天津、塘沽及江苏省六合所建工程及所置产业，自抗战兴即为敌人所侵占。近据密报敌人意图勾结汉奸，以合办形式取得法律根据，殊数荒谬之极。设敢订立任何条约，敝公司该不承认，并保留责令赔偿一切损失之权。除呈请政府备案外，特公告于右”③。

1938年1月，范旭东及“永久黄”团体的三百多技术人员、一千多名职工历经千辛万苦，从天津、南京、青岛等地汇聚到汉口。战火纷飞，背井离乡，每个人都愁绪萦怀，多少年的基业毁于一旦，而今客居他乡无立足之地，未来的路究竟在哪里？

一个员工给范旭东写信道：“我们用尽了心血，在那偏僻的

---

① 唐汉三：《学习范先生工作精神》，《海王》第20年第16期，1948年。

② 章执中：《爱国实业家范旭东》，《化工先导范旭东》，中国文史出版社，1987年，第42页。

③ 赵津主编：《“永久黄”团体档案汇编——永利化学工业公司专辑》，天津人民出版社，2010年，第570页。

塘沽，建设了这伟大的工厂，替国家奠下化学基本工业的基石，解决了数万人的生活问题……我每每想到塘沽的这种情形，不仅心中发出满意的微笑，又哪里知道今天想到了，就会黯然伤神呢……我记得离开塘沽的时候，远见着永利高楼，似乎发现出一种暗淡愁云，向我们洒滴了几点离别之泪似的。”①

这种悲痛心情当数范旭东最为剧烈，毕竟那都是他“一把屎一把尿”养大的“孩子”，正值芳华却沦入敌寇之手惨遭蹂躏。但再痛再难也要走下去，像他的湖南同乡曾国藩一样“打脱牙和血吞”，范旭东到达汉口稍事安顿后，立即召开李烛尘、侯德榜、孙学悟等核心成员开会，商量“永久黄”何去何从。

会上众口不一，有的人认为如此艰难不如各奔东西保命要紧，但更多的人认为应东山再起重新创业。范旭东在会上坚定地说：“我们不能散，也不能坐吃山空。抗战后，我们最大的收获，我认为就是大势强逼着我们，必得发挥创造力。有人想苟安，想维持现状，立刻就站不住脚，要滚下十八层地狱。给敌人取得最后战果，那是万万做不得的。尤其是我们，平素对国事还有相当抱负，更不能起一丝毫颓废的杂念，行为要更加纯洁、勇敢，自不待说，必当尽心竭力，从种种角度，创造新的环境，救国兼以自救。我们有位同人有这样的诗句，我读后很为鼓舞，我读给大家听……‘谁人肯向死前休’?”② 他还说：“就是大家在一个桶里掏稀粥喝，也不能散。”③

范旭东的话深深打动和鼓舞了大家，孙学悟响应道：“反正我们这伙人是劳作惯了的，四海为家这个理想，在我们倒不难实现。支起锅伙，到处好干，乡土观念本来就不厚，也从不计较个人的劳逸得失，可谓了无牵挂。砥自守的，只在‘为国’两个字

① 腾：《黯然伤魂的塘沽》，《海王》第11年第1期。
② 范旭东：《远征》，《海王》第13年第5期，1941年11月20日。
③ 张同义：《范旭东传》，湖南出版社，1987年，第86页。

的信念”。

最后，大家都认为应克服“逃难”心理，以复兴民族为己任，为中国再创一个化工基地，赴汤蹈火在所不辞。消息传出后，“永久黄”团体成员及家属都深受鼓舞，都有了新的目标，即不是来逃难的，而是来继续创业再创辉煌，建设中国新的化工基地。

要建设新的化工基地，首先就得确定新的基地，为工厂选择新址。对此，专门负责调查研究的黄海研究社早就有调查，经过商量决定在湖南建硫酸铵厂，因为湖南化工原料和煤炭丰富；黄海研究社新址也选在湖南长沙水陆洲，以协助硫酸铵厂建设；在四川建盐厂、碱厂，因为四川产盐丰富。

在湖南的硫酸铵厂建设本来很顺利，已动工兴建了发电厂的厂房和仓库。黄海研究社也建成了新的办公场地，并开始了调查研究工作。可不料两个月后，日寇就逼近了长沙，硫酸铵厂的建设和黄海研究社的工作不得不停止，只能一起再西迁迁往四川了，李烛尘任西迁总指挥。

1938 年 1 月，满载着“永久黄”物资和人员的轮船准备向重庆进发。突然，一个装满资料的箱子意外落入长江，范旭东急得想跳江去捞箱子，他知道这资料的重要性，幸得侯德榜等周围的人及时拦下。这次西迁上有日寇飞机轰炸，下有汹涌的长江奔流，再加上战时各种兵荒马乱，可谓是“蜀道难，难于上青天”。范旭东曾描写当时情景：“当时雨雪凄凄，北风凛冽，天公亦若不胜其同情者！津沽京沪之资产，至是荡然无存，南北同事一时且失去联络，吉凶莫卜，盖二十年本公司最黑暗时期也。”①

可“大时代，不容许任何人苟安”②，途经万里长征，历经千

① 张同义：《范旭东传》，湖南人民出版社，1987 年，第 99 页。
② 范旭东：《我们初到华西》，《海王》第 12 年 19 期，1939 年 7 月 7 日。

辛万苦，直到 1938 年 3 月，“永久黄”主要成员才汇集重庆。这样的大批技术员工迁移，在中国之前没有先例[①]，途中有不少资料、设备损失，所幸人员基本安全到达重庆。重庆当时是战时陪都，“僧多粥少”，寸土寸金，幸而永利在十多年前就在重庆设有分店，再加上南开大学校长、永利碱厂董事张伯苓拨了一些南开教室、宿舍，总算解决了“永久黄”成员的住宿问题。

住宿问题解决后，范旭东立即召集“永久黄”负责人开会商量布置工作。范旭东在会上说：“时间在这紧急关头，是万万空费不得的，战时的后方，能够多增一份生产，于前线不止增加十分战斗力。”[②]

会后，“永久黄”首先成立了久大、永利经理处负责领导工作，由范旭东任总经理，李烛尘、范旭东堂弟范鸿畴任副总经理。接着兵分两路，一路先做能做的，立即在重庆建设铁工厂，生产战时急需的金属物资；一路外出调查，详细了解当地资源情况，着手建设新的化工基地。

范旭东还在自己办公室墙壁上挂了一张塘沽碱厂的照片，并亲自在照片上题写“燕云在望，以志不忘”，他对同事说：“我们一定要打回去的”。[③] 范旭东没有想到的是，他再也没能回去，哪怕是回去看看他一手建设的久大盐厂、永利碱厂、永利硫酸铵厂。

三、获准重建盐厂

创建新的化工基地最关键的问题还是经费问题。永利之前为建设硫酸铵厂已借贷一千多万，再加上被日寇轰炸、占领和西迁

---

① 除了久大、永利西迁外，当时恒顺机器厂、上海机器厂、天原电化厂、冠生园罐头厂、申新纺织四厂等很多企业都纷纷西迁，带来了先进设备、技术，使得西南成为中国新的工业中心。据吴晓波的《跌荡一百年》一书，到 1941 年各地内迁企业总共为 639 家，约占当时全国工厂总数的 15%。

② 范旭东：《我们初到华西》，《海王》第 12 年 19 期，1939 年 7 月 7 日。

③ 章执中：《爱国实业家范旭东》，《化工先导范旭东》，中国文史出版社，1987 年，第 42 页。

途中的损失，想靠自己"充血复活"很难，再去借贷也很难，幸得政府资助，只是这资助也来之不易。

当时天津乃至整个华北有"华北三宝"，一个是张伯苓创办的南开大学，一个是胡政之等人创办的《大公报》，再一个就是范旭东等创建的"永久黄"了。南开大学是当时国内最好的私立大学，《大公报》是当时最有影响的报纸，"永久黄"则是当时国内化工业支柱，这"华北三宝"都非常重要不可或缺。天津沦陷后，这"华北三宝"都遭受重大损失，"永久黄"产业几乎全部陷入日寇之手，南开大学被炸得"鸡犬不留"，天津《大公报》被迫停刊。所以，蒋介石特召见张伯苓、范旭东、胡政之表示慰问，并许诺将拨出若干经费协助他们重建。

对于久大、永利，当时国民政府实业部特批道：一、特许该公司在南方添设新厂，所有用盐免税及成品免税均援照旧厂办理；二、旧厂如有自行毁灭必要发生时，新厂建设费，政府准在补助保息预算下，每年补助 100 万元，以 3 年为限；三、旧厂如无自行毁灭必要时，仍照第二项办理，但自第四年起，该公司应按年退还补助金，每年 50 万元，分 6 年还清；四、上项特许利益，自该公司新厂计划呈复核定施行时，分别给予。

但不久，国民政府却要将这 300 万补助改为投资，要作为"官股"，并指责久大、永利"当毁不毁，当迁不迁，当建不建"，即天津的久大公司应当毁掉却不毁，南京的硫酸铵厂应当迁移却不迁移，新的厂子应当建设却不建设。

范旭东知道这是国民政府想纳"永久黄"于"国营"进而吞并"永久黄"，因此他借口作战时期无法召开股东会讨论变更章程增加官股，等和平后待开股东会再决议呈报。[①] 另一方面，他

① 1947 年 6 月 22 日，永利在上海召开的第四届股东大会上，否决了国民政府将 300 万拨款改为官股一案。

利用国民参政会参政员[1]的身份在国民参政会上据理力争，力争“永久黄”并没有“当毁不毁，当迁不迁，当建不建”，并批评国民政府机关“职权混淆”“各自为谋”“互相牵制”。对于“国营”问题，范旭东声称现在脚跟还没有站稳，还谈不到国营、民营的争论，唯一要做的是“埋头研究”“追究进步”多干实事。[2] 在范旭东的力争下，国民政府不得不如期拨了300万经费给“永久黄”，为“永久黄”开辟新的化工基地奠定了基石。

选好了厂址，也有了经费，“永久黄”立即开工建设了。首先建的是铁厂，因为铁厂生产的金属物资为战争急需，且建设比较容易。永利原来就有铁厂，当时日寇对永利硫酸铵厂非常重视，对永利铁厂却不太在意，因此铁厂大多数机器设备得以保全而运往后方。

1938年2月中旬，铁厂所需设备陆续到达，到当年5月竹篱茅舍的铁厂厂房就已在重庆沙坪坝建成。它不远处就是迁移来的金陵兵工厂，金陵兵工厂为前线提供了大量弹药，而铁厂则为金陵兵工厂提供了大量钢铁，为抗战做出了重要贡献。后来因为要配合建设化工基地，这个铁厂很快就搬迁了，但在它投产的10个月内成绩斐然，共生产了53000多件钢制品，还有200多吨翻砂车制品。

在铁厂建设的同时，另一路人马对当地资源的调查也基本完成。侯德榜、李烛尘、唐汉三等“永久黄”核心成员冒着敌机轰炸和土匪袭击等危险，亲自带队在四川及周边地区调查，凡是有记载或传言的化工原料产地都尽可能地前去调查。但因为条件和时间所限，调查只能得出一些初步的结论，如认为华西基本化工中心应设在四川，因为四川产盐丰富。化工生产离不开盐这一基

① 除担任国民参政会参政员外，范旭东还担任了资源委员会委员，他对主持资源委员会的翁文灏等建议，资源委员会不必自办国营企业，而应多做调查勘探，为开发保护国家重要资源多做工作。

② 徐盈：《范旭东及“永久黄”工业团体发展小史》，《天津文史资料选辑》第23辑，第51页。

本原料，盐厂的建设因此是创建新的化工基地的第一步，但这第一步如何迈呢，盐厂建在哪里呢？

就在范旭东等人为盐厂厂址踌躇时，四川省盐务局局长缪剑霜到重庆找上门来。他敢作敢为很有政声，也素来敬佩范旭东的事业，因此非常希望能与范旭东合作，用新技术来提高四川的产盐。在缪剑霜的带领下，范旭东、侯德榜等人前往四川自贡一带考察。

自贡自古以生产井盐著称，井盐即通过打井提取地下卤水制成盐，相比晒制海水制盐更为复杂艰辛，需要凿井、汲取卤水、输出卤水、煎盐等工序。自贡之所以名为自贡，就是因为早年此地有两口著名的盐井，一口井因为能自行喷涌卤水叫“自流井”，另外一口井因为井水朝贡过皇帝叫“贡井”，两口井合起来便称此地为“自贡”。

范旭东一行在考察中看到自贡一带井架林立管道纵横，但凿井还要靠盐工用锤一寸寸地凿，汲输卤水还要靠牛一寸寸地拉，煮盐还要靠锅一点点地熬，非常地费工费力。范旭东对此记载道：“从山国盐区游一趟回来，最深的印象，就是那古色古香的盐场，出乎意外。打井、汲卤、煎盐等等所用的方法和他们的工具，实在太简单。这样全靠人畜气力的原始技术，居然每年能制出五六百万担盐来。今日之世，只怕除中国人外，谁也没有这种忍耐力？但这绝不是中国的荣誉。我们站在同胞立场，同情之余，认为这是现世的悲哀，因为稍有科学知识的国家，决不必为此区区，把人力这样作践，假使再推想到千千万万吃盐的同胞，那更无聊。”①

随后，缪剑霜又带领范旭东一行来到张家坝模范盐厂参观。当时四川官商合作想共建模范盐厂，以带动当地制盐改革。但建设不久因抗战爆发，订购的机器从上海运不过来，便只好停工。

① “永久黄”联合办事处：《我们初到华西》，《海王》第12年19期，1939年7月7日。

当时自贡

缪剑霜指着堆积的建筑材料对范旭东一行说："久大如其能来设厂，最好就利用这块地，比临时圈购省事得多"。

缪剑霜局长的支持让范旭东动了心，可有人支持就有人反对，主要反对者和当年反对久大盐厂一样也是当地旧盐商，还是因为利益使然。他们自清朝以来就有引岸特权垄断本地售盐，他们认为久大一旦插足，其技术、资金等难于与之竞争，他们的大好生意必将被蚕食，因此坚决反对久大插足。

这些旧盐商串联在一起，组成同盟共同抵制久大，提出的口号是"井不出租，地不出佃，坚壁清野"①，即不向久大出租盐井，也不向久大出租建厂的场地，像抗日一样"坚壁清野"看你奈何。他们还发起舆论战，在当地的《自贡小报》等报纸上连篇累牍地发文反对久大在当地制盐，并扬言："川汉铁路我们都反掉了，还怕你们这个小小厂子"，即当年四川保路运动我们都胜

①《范旭东在久大自贡制盐厂庆祝久大盐业公司成立二十五周年的讲话》，《自贡文史资料选辑》第15辑，第126页。

利了，还怕你久大不成？

这些旧盐商还请当地商会出面反对，如富荣场商公会呈文四川盐务管理局称：“久大公司之侵略行为，实属有背公理，欲使盐民为此不合理之屈服，则在青天白日旗下，恐非峻法严刑所能办到也。”[①] 他们还勾结当地军阀反对久大，甚至直接状告到四川省政府，因为这些旧盐商是当地政府的“土财神”，且有不少官员在他们那里有股份，因此四川省政府也不敢得罪他们，便借口“盐工大量失业，从而影响社会治安”[②]，禁止久大在当地建厂。

对此，已富有斗争经验的范旭东一方面鼓励同人不要灰心，“希望诸位同人们，听着久大自贡厂受到种种束缚和虐待以后，千万莫要悲观，并应加紧吾们最后成功的信心。因为长夜漫漫终有一旦！抗战以后的盐务有谁相信它还会照样的糊涂下去呢？”[③]一方面找突破口各个击破，当地的军阀和旧盐商也不是铁板一块。如当地一个军阀邓锡侯的儿子也想自办盐厂但遭到旧盐商反对，“敌人的敌人就是朋友”，李烛尘便找到小邓结成联盟。

当地也有一些旧盐商比较开明，认为引进久大其实是发展自贡盐厂的良好机会，李烛尘便找到这些开明盐商“掺沙子”。李烛尘告诉旧盐商，久大不是来抢饭碗的，实在是国难当头迫不得已，久大愿意以自己技术帮助大家提高产量质量，一旦抗战胜利久大一定迁回原地。范旭东还利用自己参政员的身份直接请国民党中央军事委员会仲裁，国民党中央军事委员会派来调查的官员正好是久大大浦分厂厂长唐汉三的表弟，况且久大还有当地四川盐务局的支持。

因此，经过各方斡旋，最终久大获准在当地建厂，但也有不

---

① 赵津主编：《“永久黄”团体档案汇编——久大精盐公司专辑》，天津人民出版社，2010年，第546页。

②《塘沽文史资料选辑》第3辑，第72页。

③《范旭东在久大自贡制盐厂庆祝久大盐业公司成立二十五周年的讲话》，《自贡文史资料选辑》第15辑，第126页。

少限制，如规定久大年产盐不得超过六十万担；抗战时期行销长江流域，在川盐范围以外，接济民食；战后扩充西南各地之工业用盐，与川盐行销并不冲突；制盐技术公开，如有盐商愿意仿照新法制盐，久大应代为佃理设计工程事项；一旦抗战胜利，久大一定迁返原地，建在四川的工厂，可以交给本地人开办①。对这来之不易的胜利，久大同人感叹道："盐业在中国不仅是极端保守，一部分人甚至把它当做秘宝"②。

四、久大模范食盐厂建厂

终于可以建盐厂了，建在哪呢？四川盐务局建议就在张家坝模范盐厂基础上建，久大方面经过考察也认为在此基础上建厂，省时省力，便买下此地设为厂址。然后，久大便向当地盐务部门正式申请建厂，厂名为"久大自贡模范食盐厂"，要将其打造成整个自贡的模范食盐厂带动当地盐务改进，呈文中写道："一、本厂制造技术，可尽量公开，听凭同业仿效；二、设同业间有以兴办盐厂之设计工程相委托者，本厂于双方契约之下，允为负责代办。川盐改进，条理万端，在公司可能为力者，只在技术公开而推广之"。不到两个星期，该呈文便获得盐务总局批准，通知久大"讯即筹备进行"。

久大自贡模范食盐厂建厂技术、资金、设备都不是太大问题，久大精盐公司制盐已有二十多年历史，技术全国一流，建设盐厂所需资金也不是太多，设备有久大公司大浦分厂运来的整套设备，最关键的还是人才。范旭东任命大浦分厂厂长唐汉三为久大自贡模范食盐厂厂长，不久塘沽久大精盐厂八位技术工人从香港绕道来到自贡，人才问题也无虑了，这八位技术工人后来被称

① 张毅甫：《久大盐业公司自贡制盐厂略忆》，《四川文史资料选辑》第 11 辑，第205 页。
② "永久黄"联合办事处：《我们初到华西》，《海王》第 12 年 19 期，1939 年 7 月 7 日。

为“八大将”①。

但建厂过程中也不是一帆风顺，虽然久大与旧盐商达成妥协，但还有一些旧盐商不甘心不乐意，继续捣乱破坏。在厂子刚刚基建时，就有旧盐商煽动当地盐工，聚众捣毁了久大的器材设备。幸而当地盐务局闻讯出动军警制止，扰乱才得以平息。经过四个多月的建设，久大自贡模范食盐厂终于竣工。

1938年9月18日，范旭东特意选在纪念“九一八事变”的日子里举行久大自贡模范食盐厂开工典礼。当天，当地盐务局官员、士绅等出席典礼的嘉宾有两千余人，收到的各方赠送的纪念品多达三百件，天气放晴人人喜气洋洋。

范旭东在开幕致辞中说：“本公司的生命已与祖国交织在一起。国权丧失，国旗不能升起的区域，吾们非但不愿偷生，并且拒绝敷衍……吾们亦必破除任何困难，树立制盐工业，以遂吾们服务社会的微末志愿，和与祖国共存亡的一点决心。简单地讲，只要祖国存在一天，吾们决努力苦干一天……虽然这里头吾们实含有无限辛酸，会遭遇无限困难，但为了表示中国的制盐工厂，决不消灭于敌人的侵略，决不屈服于敌人的炸弹。同时为了由工业方面培养吾们长期抗战的力量，本公司拿出剩余的力量贡献祖国，实义不容辞！所以这颗在渤海天涯照耀了二十多年的‘海王星’，今天闪烁于自贡市的天空，并不是没有意义啊！”②

开工只是“万里长征”第一步，久大自贡模范食盐厂在生产中也遇到不少困难。如久大因为没有自己汲取卤水的卤井，卤水需要当地盐厂供应，当地的旧盐商便分配给久大很少的卤水，导致久大制盐原料缺乏，七口大锅平时只能烧两口。对此，久大自贡模范食盐厂先是采用租佃等方式获得了一些卤井，后来又自力

① 张毅甫：《久大盐业公司自贡制盐厂略忆》，《四川文史资料选辑》第11辑，第205页。

②《范旭东在久大自贡模范食盐厂开工大会上的致词》，《自贡文史资料选辑》第15辑，第123—124页。

更生自己凿了一些卤井。当地旧盐商对运盐也加以阻挠，唆使盐工拒绝捆运食盐，久大找到盐务局出面以官盐名义捆运出场。后来，久大自贡模范食盐厂设计制造了盐砖机，将盐压缩成盐砖以便于运输。

旧盐商对久大依旧想方设法打压，他们先是要求加入股本与久大合资经营，因为久大系股份公司，新股加入需要原来股东许可，而抗战时期无法开股东会，因此也就没法招纳新股东让他们加入。他们因为不能与久大“分一杯羹”，便要求盐务局限制久大产量，还要求将久大产品交给当地场商联合办事处统售，这些要求都没有获得盐务局批准。最后，他们以“侵占井灶利益，危害盐民生计”为由，电陈国民政府主席林森、财政部长、四川省政府主席，甚至还电陈蒋介石，要求取消或收买久大模范食盐厂，闹得满城风雨纷纷扰扰。当局便派员来调查，对此久大有人主张撤退，范旭东则力主奋战到底，幸得四川盐务局比较公道为久大说话，久大也设立驻蓉办事处疏通各种关系，最终得以化解危机。

对此，范旭东感叹道：“公司在盐业混了二十余年，阅历颇多，照例我们有一新计划，不论态度如何鲜明，总归要起风波，好像宿命注定，唯一秘诀，只有忍耐含默，认定目标，向前迈进，时过境迁，难关终获突破。这次也是持此方针，幸无错误”①。范旭东的这个感叹很让人唏嘘也很有启发，我们今天也会遇到各种困难，“唯一秘诀，只有忍耐含默，认定目标，向前迈进，时过境迁，难关终获突破”。

久大自贡模范食盐厂还遭遇过敌机轰炸，1939 年 10 月 10 日被日寇飞机炸毁了大锅、晒卤台、厂房、宿舍等。厂长唐汉三在

① 赵津主编：《“永久黄”团体档案汇编——久大精盐公司专辑》，天津人民出版社，2010 年，第 551 页。

请求拨款恢复生产的报告中如此描述道："工厂断瓦颓垣，疮痍满目，侧身其中，痛愤极矣，念迁川设厂，本已不易，甫经周年，即遭轰炸。精神打击，实倍物资。然瞻念前途，增产事大，来日方长，必须挣扎。"①

范旭东对此也很悲愤，为避免再次被炸贻误生产，他决定设立分厂制盐，但又遭到当地盐商反对。在当地盐务局的调节下，久大公司做了很多妥协，但当地盐商依旧坚决反对，导致建设分厂一事最终未能施行。

制盐过程中也有很多困难，最大的困难是技术方面，因为当地制盐原有技术太落后了。如在煮盐方面，当地依旧只是用小圆锅来煮盐，久大公司则用大平锅代替了小圆锅煮盐，既速度快产量高，还节能减排又卫生。只是久大模范食盐厂七口大平锅被日机炸毁一个，因水、煤限制又停用了几口，能实际投产的大锅不过半数。在汲取卤水方面，当地大多数盐商还用的是牛拉甚至人拉的方式，久大公司则发明了电力推卤机，省时省力省老牛。在浓缩卤水方面，久大配合黄海研究社发明了"枝条斜挂法"，即在厂内设立枝条架，将卤水引上枝条然后再喷洒下来，利用风力自然蒸发原理浓缩卤水，节省了原来浓缩卤水用的烟煤等能源达2/3。在制盐工艺方面，久大打破川人制盐必须加豆浆的迷信，制出的盐更洁净且节省人力物力……

久大自贡模范食盐厂的这些技术改进，不仅促进了自身的生产，也带动了当地制盐技术的改进，如久大发明的平锅制盐法逐渐为当地盐商采用。而且久大还发挥自己技术优势，帮助当地盐商提高技术、修补锅炉、设计井灶等，"谨守技术公开之诺言，

① 赵志：《久大盐业公司被炸与移锅西厂受阻经过》，《自贡文史资料选辑》第14辑，第51—52页。

凡以技术问题相咨询，无不竭诚协助”[①]。久大还为当地企业提供管理、机器设备采购等帮助，如与当地一些土豪合办了隆昌盐厂，久大将机器设备折价入股，并委任久大技术人员为其管理人员。久大的大公无私“共同富裕”精神终于赢得了当地的广泛认可，称其为“久大精神”[②]。一位当地商人感叹道：“久大并无秘密，只信仰科学，他们日夜钻研，以求技术之改进，这委于服务社会不计待遇和享乐的精神……一切都是事实，事实胜于雄辩。”[③]

久大自贡模范食盐厂终于得以在当地立足，生产的盐广销于四川、湖南及周边等地，1938 年产盐 41315.1 担，1939 年产盐 180545.75 担，1940 产盐 128003.84 担……久大食盐厂也赢得了广泛声誉，成为“迁川工厂联合会”[④] 发起者之一。1939 年 3 月 20 日，黄炎培参观自贡盐厂后写诗词赞道：“昨朝州里访苏稽，今日牛华里溪。溪声缓，市里近，此地是盐巴产岸。忽看十丈飞泉云外飘，无数枝条，恰似茅龙换新茅，行雨行云，暮暮朝朝；似杨枝滴露梢，似灌顶醒壶妙。是何技巧？向井中汲取盐泉，仗日光风力，水气散将多少。借问盐宦何处？行人遥指五通桥”[⑤]。

另外，久大自贡模范食盐厂还建有机修厂、发电厂，还利用附近糖厂熬糖后剩下的母液制成动力用酒精作为汽车燃料，久大自贡模范食盐厂如愿成为当地盐厂的模范。“抗战胜利后，久大自流井盐厂将全部厂房设备交由川康盐务局接受经营，改称为盐

---

① 赵津主编：《“永久黄”团体档案汇编——久大精盐公司专辑》，天津人民出版社，2010 年，第 564 页。

②《为久大永利工厂纪念日作》，《海王》第 15 年第 21 期。

③ 汉三：《在井六年》，《海王》第 16 年第 31 期。

④ 迁川工厂联合会是内迁工商业自发的联合组织，是战时重庆最大的工业组织，到 1943 年会员最多达 237 家，出版《中国工业》月刊、工业问题丛刊等，举办了为期十五天影响很大的“迁川工厂出品展览会”，对抗战时期后方工商业发展做出了巨大贡献，李烛尘任其常务理事。后来该联合会很多会员发起成立中国民主建国会，李烛尘又担任其常务理事。

⑤ 转引自李从周：《枝条架的发现以及引进使用的回忆》，《抗战时期西南的科技》，第 310—311 页。

业示范工厂，继续为川盐革新作出贡献。”①

五、又一座化工城拔地而起

相比久大盐厂重建，永利公司的重建则困难重重，最终还是令人无比惋惜地功亏一篑。其实刚开始，永利同人就预料到了其困难，“大家所顾虑的，就是几千万资金和几百万金元的外汇，从何得来？大量笨重机器和五金材料，如何运进内地？一个从来和近代工业全无接触的环境，如何安排？在短期间要用多数有手艺的工人，如何从中年农夫里面训练出来？无一不费思索。其余类似这种条件，更不知有若干，所以使得人望着发愁”②。当时也有内行人曾说：“范旭东假如有本事把大碱厂在后方建成，那么开工之日即是关厂之时，因为一是工业没有配合，没有这么大的胃口，二是自己根本也没有这么多的资金周转这么大的企业……”③

但再困难，永利同人也决定一往无前，他们认为“开发华西，全国认定是国策。既然如此，任何困难，国人一定齐心合力来分担，所以用不着太顾忌。能够各人在自己分内竭尽所能，真到行不通的时候，国人决不会袖手旁观。我们在这个观点之下，毅然前进”④。范旭东告诫同人道：“局势万难，吾人虽拼命前进，尚虞不够，万一松懈，必至毫无结果，故无论为国家，为自己，目前已是最后关头，切盼吾人注意及之。”⑤

范旭东等人初到华西权衡轻重后制定了开辟化工新基地的原则：“一、无论能否全部实施，工程计划，必要尽力做到完整，至

---

① 章执中：《我所知道的爱国实业家范旭东》，《湖南文史资料选辑》第17辑，湖南人民出版社，1983年，第40页。

② “永久黄”联合办事处：《我们初到华西》，《海王》第12年19期，1939年7月7日。

③ 徐盈：《当代中国实业人物志》，中华书局，1948年。

④ “永久黄”联合办事处：《我们初到华西》，《海王》第12年19期，1939年7月7日。

⑤ 赵津主编：《“永久黄”团体档案汇编——永利化学工业公司专辑》，天津人民出版社，2010年，第637页。

少要包括酸、碱、炼焦，三个单位构成一团，万一无力同时并举，无妨分期施工建造。二、各单位的规模，以适应目前力量与市销为准，每一单位，都必预留扩张地位。三、原料力求自给，如凿新式盐井，自采磺铁、灰石等矿，须与着手建造工厂时，即行动工。四、选择厂址，必须注重可为华西化工中心之地，且应顾及将来可与西南西北各省畅通无阻。”①

根据这一原则，永利从 1938 年 3 月开始动手准备建厂，到年底大体上有了头绪，期间动员职工达四五千人。根据这一原则，永利花了几个月的时间勘查永利厂址，最终选定了犍为县岷江岸畔的老龙坝作为永利川厂厂址。之所以选定此地为厂址，因为此地的食盐、烟煤、磺铁、灰石、耐火土料等原料都比较丰富，而且靠近长江便于航运。

范旭东来到此地对着滚滚江水，豪迈地对同人说：“蜀省第一名滩摆在眼前，江涛怒吼，淘尽千古懦夫孱弱，堪称绝胜！化工之志，重在利用厚生，大而天体，小而细菌，无一不是利用对象，也就是无一不是厚生资源。范围既宽，任务极重，用得着大气力来干”②。

厂址选定后，永利便在此地购买了近千亩土地。大多数本地人知道永利是为了工业救国都很配合，但也有一些本地人趁机“敲竹杠”，永利软硬兼施包括请当地实权人物出面干涉，最终得以完成购地。

购地完成后便开始永利川厂施工建设，厂务由傅冰芝主持。傅冰芝 1916 年入哈佛大学深造，曾参与为美国设计航空母舰，学成归国后弃江南制造船船长、大学校长、江西省教育厅厅长等职加盟永利，曾任永利硫酸铵厂副厂长，因个人品德高尚被称为

---

①“永久黄”联合办事处：《我们初到华西》，《海王》第 12 年 19 期，1939 年 7 月 7 日。
②《春雨淋漓中一个盛会》，《海王》第 16 年第 9 期。

"西圣"①，与"东圣"孙学悟并列。

范旭东亲临施工现场鼓励同人道："在这战火纷飞的岁月，在这满目疮痍的山地，开拓永利生存的道路是千难万险的。但为了复兴化工，日来进行其力，吾等在未死之前，尽一分，算一分，只要多少于抗战建国费了心力，始不愧也！"②

施工过程中也有不少困难，此地满目山岗野兽出没荒凉至极，且施工还需要石灰、煤炭等原料，如范旭东所言："样样要从头做起，没有原料要自己打井取盐，没有煤炭要自己开矿取煤，真是件件都得自己办"③。永利职工自己动手开采煤矿烧制石灰，又雇佣了五千多工人一起移山垫土凿石，将工厂建在平地，将职工宿舍建在丛林，将山地开成山洞以防空袭，将深坑挖成蓄水池起名"百亩湖"……

川厂施工建设

---

① "永久黄"核心成员几乎都有很有趣的外号，如范旭东外号"铜锤"、李烛尘外号"老太爷"、侯德榜外号"寡妇"、陈调甫外号"呆子"、阎幼甫外号"阎王"、孙学悟外号"西圣"、傅冰芝外号"东圣"……

② 孙学悟：《追念范兄》，《海王》第19年第4期，1946年10月20日。

③ 章执中：《爱国实业家范旭东》，《化工先导范旭东》，中国文史出版社，1987年，第43页。

范旭东敬告同人道："吾辈所能贡献于抗战建国者，只各人一点薄技，切望莫为物胜，群策群力发挥出来，人人以效死疆场之心为心，天下绝无失败之理，吾人必当坚决自信。"[①] 他当时还写道："奠定华西基本化工的中心，是我们一点救国微忱。这艰巨的课题，大家只得咬紧牙关遂行。"[②] 他经常到厂视察，每次视察完工作后都召集员工开家常会"摆龙门阵"，鼓励安慰同人。

当时，有些员工迫于生计兼职副业，范旭东对此劝同人道："战局久延，内地生活维艰，同人薪金菲薄，支持匪易，不得已而有集资兼自营营业者，自人情而论未可厚非，况范围不大，于工作亦无多大妨碍。惟公司遭遇如此，惟有坚苦困斗始能复苏，稍涉放纵，即将影响其生存。切望同人同情公司境况，集中力量，仍本初衷，为大局奋斗，将各自之营业毅然忍痛牺牲，万一事势不许，不便放弃，则请暂行离职。兴言及此，无限伤感，幸赐体谅！"[③]

当然，建设川厂最大的困难还是资金问题。因为缺乏资金，预计要盖八层楼的碱厂只盖了三层就停工了，永利员工一度每人每月只发三斗白米、三分之一银元。范旭东在 1940 年 2 月 23 日对公司同人感叹道："公司川厂建造工程浩大，绝非短期所能完成，期间一切开支悉依借债而来，危险孰甚。"不过，他也并不绝望，对孙学悟等同人说："财政困难，的确有问题，不过办法上还得下功夫，我想这样磨炼下去，办法自然也会产生出来"[④]。

在范旭东的力争下，虽然国民政府最终将 300 万补助拨给了永利，但这些钱对于重建而言远远不够，何况永利还有一千多万贷款要还。没有办法，范旭东还得向银行再贷款，他以工厂全部

① 范旭东：《敬告公司同人》，《范旭东文稿》，天津渤化永利化工股份有限公司，2004 年，第 141 页。

② 劳人（范旭东）：《永利深井卒至成功了》，《海王》第 14 年第 10 期，1942 年 10 月 20 日。

③ 赵津主编：《"永久黄"团体档案汇编——永利化学工业公司专辑》，天津人民出版社，2010 年，第 643 页。

④ 孙学悟：《追念范兄》，《海王》第 19 年第 4 期，1946 年 10 月 20 日。

资产做担保向中央、中国、交通、农民四个银行贷款 2000 万，但被这些银行拒绝了。

范旭东为此四处奔走大声疾呼，包括在国民参政会、资源委员会等会上历陈永利重建化工基地的必要和困难，“中国需要工业建设，已到‘得之则存不得则亡’的阶段……在今日中国，创办一件工业，不论事的大小，着手募集资金，已经有如登天之难”①。范旭东的呼吁得到了舆论广泛同情、支持。在舆论压力下，国民政府同意由财政部担保向永利公司贷款 2000 万元来建厂，命令中央、中国、交通、农民等四行联合办事总处办理贷款，并批示：“将来预算不敷，可予协助增借款项以资补助”。

1939 年 12 月 31 日，永利与这四家银行签订借款合同，“兹甲方因兴办基本化学工业拟在四川犍为附近地方创设硫酸铔厂及炼焦厂各一所，需款应用，特遵国防最高会议常务委员会议决意旨，并根据行政院核准财政、经济两部拟协助办法大纲商向乙方借款国币二千万元整，即以上列两厂全部财产作为抵押品，并由财政部出面担保，经双方同意洽订借款条件……”② 永利的资金困难终于化解，但永利收到其中第一笔贷款又是半年之后，范旭东感慨地说：“工业资金之筹集，原极不易，况在当战时之内地，举办如此烦重之工业，实在使人迟疑，诚属无可如何，惟有以最大忍耐，谨慎将事，以待自后之事实证明”③。

经过半年左右的奋战，又一座化工城在老龙坝拔地而起，包括碱厂、炼油厂、翻砂厂、机械厂、陶瓷厂、煤矿、发电厂、试验厂等 10 多个单位。1939 年 2 月 26 日，范旭东来到此地命人在工厂左侧山岩上雕刻了“新塘沽”三个大字，将此地“老龙坝”改

① 范旭东：《祝中国科学社等七科学团体联合年会》，《海王》第 8 年第 36 期，1936 年 9 月 10 日。

② 赵津主编：《“永久黄”团体档案汇编——永利化学工业公司专辑》，天津人民出版社，2010 年，第 611 页。

③《永利总管理处致股东业务报告》，《海王》15 年第 15 期。

名为“新塘沽”，以表示它是中国新的化工基地，是又一个塘沽。

五通桥区永利川厂旧址

另外，永利还买了一个开凿深井机，试探新塘沽当地的盐质；购买了一座灰石矿山，储量够六十年用；永利硫酸铵厂的设备也已运了过来，铁厂也迁移过来……永利准备再大干一场，可是“世上不如意事，十之八九”，范旭东最终“壮志未酬身先死”。

六、“侯氏碱法”横空出世

永利重建化工基地，因为时机不成熟，不能制酸、制碱、炼焦齐头并进，首先要做的是建设碱厂制碱。可原来永利制碱是靠索尔维制碱法用海盐制碱，而四川没有海盐只有井盐。如果靠索尔维制碱法用井盐制碱，井盐的利用率只有 70%左右，即会造成大量的井盐浪费，而井盐的价格要比海盐高几十倍。所以继续用索尔维制碱法制碱不可行，必须寻找、利用新的制碱技术。

侯德榜苦思良久，决定去德国考察察安制碱法，因为察安制碱法可以将食盐的利用率调高到 90%—95%，可能比较适合永利川厂。范旭东对侯德榜的决定很支持，他对侯德榜说：“我们切望在华西这个新天地的设施，至少要不比世界水平线太低，并且要立意拿效能来补偿环境的不利，将来这工业才能不被淘汰。目前我们的人力财力，都万分竭蹶，照平常心理，只要将就我们自有的图样，稍加修改，对付完事，只为‘要好’一念，不愿这样苟且，因此抱定宗旨，情肯不做，做就做好。对于工程设计，一

定不惜代价，力求上进”[①]。

1938 年 8 月，侯德榜带队到德国考察察安制碱法。但因为当时正逢“二战”，德国与日本同属“轴心国”，德国与中国虽然没有直接开战但也是敌对国，因此德国自然不会给侯德榜一行好脸色。德国各个碱厂都对侯德榜一行严格保密，不让侯德榜等人参观制碱设备，并暗中派人监视。当侯德榜提出要购买察安制碱法专利时，德国高价勒索，并禁止将来通过察安制碱法生产的产品在被日寇占领的东三省销售。

范旭东得知此事，气愤地说：“东北三省是中国的领土，我们的产品不仅要在东北销售，还要向世界市场销售”[②]。侯德榜也很愤怒地说：“黄头发绿眼珠的人能够搞出来的东西，难道我们黑头发、黑眼珠的人就办不到吗?”[③] 因此，侯德榜一行愤而离德赴美，到美国考察、研究制碱法。

侯德榜及其诗歌

---

① “永久黄”联合办事处：《我们初到华西》，《海王》第 12 年 19 期，1939 年 7 月 7 日。

② 李祉川、陈歆文：《侯德榜选集·序》，冶金工业出版社，第 1991 年。

③ 王端驯：《缅怀张克忠——一位勇于探索的科学家》，《天津文史资料选辑》第 24 辑，第 69 页。

到美国后，侯德榜在李国钦的帮助下，设立了永利纽约办事处，一方面为永利采购设备，一方面开展制碱研究。范旭东对侯德榜全力支持，一边派李祉川等技术人员前往美国协助侯德榜，一边在塘沽建立了实验室以配合侯德榜试验。但因为战时各种材料缺乏，如连普通的温度计都难以找到，氨甚至要从人尿中提取。因此，范旭东决定将实验室迁往当时还没有沦陷的香港，将自己在香港铜锣湾的住宅客厅作为实验室。

此后，制碱试验由侯德榜在纽约遥控指挥，具体试验则在香港进行。侯德榜通宵达旦地工作，香港的实验人员每天也至少要工作 12 个多小时，每个试验程序都要重复做 30 多次。经过 500 多次试验，分析了两千多个样品后，到 1939 年秋基本了解、掌握了察安制碱法。为了扩大试验，也为了进一步保密，因为永利的老对手卜内门公司远东基地就在香港，范旭东决定于 1940 年 1 月将试验迁往上海租界。

在上海又经过几个月的试验，扩大试验的数据和香港试验数据十分接近。在试验中，范旭东深入分析了在德国得到的察安法专利说明报告和有关论文，发现察安制碱法专利说明报告中的“该法的关键在于中间盐的加入”这句话乃是布迷魂阵，只要控制得当加盐与否并不关键。突破这一迷魂阵后，试验加速进行，侯德榜甚至想到了将索尔维制碱法和察安制碱法合二为一取其精华去其糟粕，他激动地给范旭东写信道：“我无论如何要把这个方法改为连续的方法。我已拟好一个从合成氨出发的制碱流程。这个制造碳酸钠和氯化铵的新法，自然地把这两种工业——苏尔维制碱工业和氨气工业联合起来。这样，我们对化学工业，在技术上将有极重要的贡献”①。

要实现侯德榜这个想法，需要由扩大试验转为半工业性的试

① 李祉川、陈歆文：《侯德榜》，南开大学出版社，1986 年，第 74 页。

验。在得到范旭东的支持后，侯德榜在美国克服种种困难买到一些氨运往四川，四川的试验人员则紧急安装好了试验所需要的装置。1943 年秋，该试验在新塘沽进行，经过两个月的试验，该试验大获成功，一种新的制碱法横空出世。这种新的制碱法结合了索尔维制碱法和察安制碱法的各自优点，所需成本比索尔维制碱法减少 40%，既能生产纯碱又能生产氯化铵，食盐利用率从 70% 提高到 96%，原来无用的氯化钙还可以转化成化肥氯化铵，“形成了制碱工业与合成氨工业的紧密结合的全新流程，把制碱工业的技术推向了一个新的高峰”①。

太令人振奋了，在永利川厂的厂务会议上，范旭东提议将这一新的制碱法命名为“侯氏碱法”。他说：“侯博士始终书生本色，自强不息，他的功劳不仅为中国建立了联合制碱的方法，而且为中国造出了一种做工的风气。我提议将联合制碱法，命名为‘侯氏碱法’”，范旭东的提议获得会议一致通过。

侯氏制碱法横空出世后在国际上立即引起了轰动，让西方化工界大为赞叹，因此授予侯德榜英国化工学会名誉会员这一崇高荣誉。这是英国化工学会成立一百多年历史上第二次授予名誉会员，此次获赠这一荣誉的全球仅两人。

永利川厂为此在 1943 年 12 月 18 日特意召开庆功会，各界代表 2800 多人参会。范旭东会上致辞道：“我们和侯先生结交二十多年，在战时后方，开这样一个盛会，祝贺他取得世界荣誉，我们异常兴奋，这在中国化工史上，应该是最光荣的一个节目……有这样的成就，识者叹为奇迹！从此世界化工碱业，又开辟了一新途径，殊足重视……永利所以在化工界能有些许成就，中国化

① 陈韶文、李祉川：《中国化学工业的先驱：范旭东、侯德榜传》，南开大学出版社，2021 年，第 177 页。

工能够跻上世界舞台，侯先生之贡献，实当首屈一指”①。然后，他指出侯德榜除了侯氏制碱法外，还有负责硫酸厂建设及机器设备采购安装等重大贡献。

侯德榜的老同学、黄海研究社社长孙学悟也高兴地说：“今天在这里是我生平最快乐的一回”，他认为侯德榜成功的秘诀在于“天行健，君子以自强不息”。阎幼甫则号召青年技师向侯德榜学习，“我国应有120多个候补名誉会员。青年技师们，愿你们努力!”

出席会议的冯玉祥将军则说：“侯先生的成功是由数十年勤学勤工艰苦得来的……这次的国际荣名，第一是我国前方流血和后方流汗使中国增高国际地位，有助于他的；其次是本团体领导者能信任他，将工厂交给他做实验，同人能接受他的工作指导，有助于他的”。的确，“侯氏碱法”的成功离不开侯德榜自己的辛劳钻研，也离不开范旭东等永利同人的大力支持。

大会最后结束时，人们把侯德榜的长子、永利技师侯虞篪举到半空中，让他代表侯德榜接受大家的抬举、祝贺。侯虞篪在空中高呼道：“四脚悬空的快活筋斗，我今日领受了。我谢谢各位长辈，谢谢各位同人。我愿努力学习，为国争光。”会后，分赠柑橘给与会人员每人一枚，共送出2828枚柑橘，可见当时参会者之多。这次大会是“永久黄”职工抗战时期最欢欣的一刻。

1943年12月25日，在中国化学会第十一届年会上，永利一位工程师介绍了侯氏制碱法，获得会议高度评价。会后，中国化学会以年会名义致函侯德榜以示祝贺，并号召学会会员向侯德榜学习。1949年1月17日，国民政府授予“侯氏制碱”专利，准予独享该专利10年。1950年，“侯氏碱法”获得中华人民共和国

①《范旭东先生在新塘沽侯德榜先生荣膺英国化工学会名誉会员荣衔庆祝会上的演说词》，《海王》第16年第11期。

第一号发明专利。

中央工商行政管理局

發明證書　發字第壹號

發明人　侯德榜

發明名稱　侯氏碱法

前項發明業經本局審查合格，給予發明權五年，自一九五五年七月一日起至一九五八年六月三十日止滿期。特頒發證書，以資證明。

局長　許滌新

公元一九五五年七月一日

中央工商行政管理局印

“侯氏制碱法”获专利授权

七、黄海研究社成果丰硕

在“侯氏碱法”横空出世的同时，黄海研究社的科研人员也克服重重困难，取得了很多科技成就。

第一个困难即迁至何处？本来黄海研究社根据既定计划迁到了长沙，但长沙很快被日军兵临城下，黄海研究社还得继续迁移。有人主张一步到位迁到重庆，因为重庆是战时陪都最为安全；范旭东、孙学悟则主张迁到五通桥，因为久大自贡模范食盐厂、永利川厂都在那附近，黄海研究社作为“永久黄”中枢不应脱离“永久黄”大本营。孙学悟在会上说：“化学研究不要在大城市凑热闹，要和生产相结合”。范旭东、孙学悟的主张得到了大多数人的认同，于是黄海研究社人员便风尘仆仆地继续迁往五通桥。

迁往五通桥后，因为黄海研究社原有很多研究设备、图书、

资料在迁移过程中损失，而战时物资紧缺，黄海研究社的研究只能一切因陋就简，只能头顶瓦片脚踏泥地，利用当地原料自行制造，如用老百姓腌制食物的陶罐做容器，用蒸馏烧酒制成酒精，请当地木匠做试验台、书架、恒温箱等。

当时生活条件也非常艰苦[①]。有一次孙学悟儿子孙继商的同学来访，孙继商带同学参观黄海研究生实验室，不料发现一条蛇在追老鼠。孙继商关门抓住了蛇招待同学，成为当时美谈。孙学悟等人长年穿着草鞋工作，在永利工作的冰心弟弟谢为杰因为穷得没法甚至把工程师最宝贵的计算尺都卖了。[②]

但黄海研究社人员对此依旧非常乐观，“初到四川，所闻所见，无一不新鲜，农产品种类繁多，矿产也到处都有，无一不是研究资料，尽管设备残缺不全，化学家是最能就地取材的，一样可以活动”[③]。范旭东也为黄海研究社在美国购置了一些仪器、药品，但运到上海时上海海关却死活不肯转运，让范旭东徒叹奈何。

当然，黄海研究社最大的困难也是经费问题，因为黄海研究社自己基本上没有收入来源，几乎全靠范旭东及久大、永利拨款赞助。而此时后者自顾不暇，正是“永久黄”经济上最困难的时候，但即便如此，范旭东还是毅然一如既往地拨款支持黄海研究社，他也一如既往地关心、支持黄海研究社工作。他多次说：“我们经济困难，就是当裤子，黄海和海王是一定要坚持的”[④]。

社长孙学悟和宋子文本是圣约翰大学同班同学，当初曾多次

---

① 因为抗战及通货膨胀等原因，大后方民众生活普遍比较困难，公务员的实际工资只有1937年的10%，大学老师也生活在“饿死的边缘”，如薪资最高的教授陈寅恪1942年的1360元月薪只够买320斤大米，很多教授被迫另谋生计，如闻一多刻章卖钱、吴大猷捡牛骨治病、梅贻琦夫人卖起糕点……

② 张能远：《血路烽烟范旭东》，团结出版社，2014年，第12页。

③“永久黄”联合办事处：《我们初到华西》，《海王》第12年19期，1939年7月7日。

④ 黄汉瑞：《回忆孙学悟先生》，《红三角的辉煌》，新华社天津分社，1997，第106—117页。

拒绝宋子文要他到国民政府做官的邀请，但 1942 年为了“黄海”生存，他不得不去找宋子文“化缘”获得一笔捐款。孙学悟还要求全社成员：“惟我国处此大时代内，成败强弱，惟在当代国民之努力。每人必持抗战应有之精神，负起重担，向前迈进，且走且强，俾达胜利之目的。”①

在范旭东大力支持下，在孙学悟的有力领导下，黄海研究社克服重重困难，利用一切可利用的条件进行研究，“用中国的原料生产中国需要的产品”②，从“中国制造”走向“中国创造”，在抗战时期取得的科研成就竟然远超当年。

在盐业方面，黄海研究社充分发挥自身优势，以协助当地盐商改进制盐技术为己任，如前所述发明了支架晒盐法、盐砖压缩盐、汲卤电力化等新技术，极大提高了当地产盐质量、数量，还改良盐质消除病害。当地有一种地方病叫“痹病”，患病后会逐渐身体麻木最后心脏停止呼吸。黄海研究社经过分析当地人的食物，发现这是因为吃了含有氯化钡的川盐所致，氯化钡有剧毒。随即，黄海研究社研究了除去氯化钡的方法，将氯化钡从食盐中分离，从此消灭了“痹病”，为川民除一大害。1943 年，黄海研究社还与盐务局共同组织了西北盐业考察团，对新疆、青海等地进行了一年多的实地考察，基本了解清楚了当地盐质、盐业情况。

在发酵与菌学方面，黄海研究社首先研究了蜜糖发酵，解决了酒精发酵工业中重要酵母菌及其营养问题，所得研究成果被国内许多酒精厂采用。五棓子发酵也取得重大研究进展，解决了五棓子制造棓酸的问题，并于 1940 年建立了工厂，每天生产棓酸几百公斤，使得我国棓酸工业形成了从原料调查、分析研制到生

---

① 孙学悟：《黄海化学工业研究社发酵部之过去与未来》（1939 年 2 月 21 日），《文史资料》第 4 辑，山东省威海市环翠区政协文史资料研究委员会，1988 年编印，第 201 页。

② 徐盈：《孙博士与“菌牛”》，《红三角的辉煌》，新华社天津分社，1997，第 80 页。

产、销售的完整链条。1942 年，黄海社 20 周年纪念册上写道："最足使我们兴奋的是棓酸发酵的研究，盖我国年产千多万斤的五棓子，以前皆原料输出，我们研究了四年，由五棓子制棓酸的技术已解决，棓酸在国内的用途，亦大为增加，且引起了大学及研究机关的兴趣，尝试棓酸发酵的试验，故棓子之研究，既改出口原料为成品，复增进利用国产以替代洋货，对于国民研究学术的精神，犹有刺激，实可为一举多得"①。

另外，在微菌的分离、收集与研究方面也研究成果丰硕，黄海研究社培养的各类菌种全国最多，1949 年之后移交给中国科学院微生物研究所。黄海研究社还注重应用菌学知识与技术的推广，实验室培养的菌种大量供给学校、工厂、研究机关等，并于 1939 年创办了当时富有影响的《黄海发酵和菌学》双月刊，到 1951 年共出版该杂志 12 卷 70 册。因为这方面研究成果的丰硕，"西圣"孙学悟又获得了"菌牛"的外号，也让国人"渐渐知道天府之外，还有菌府，也是天下的一雄，和我们是万分亲善的"②。

此外，黄海研究社还完成了五通桥植物含钾量的测定、钾碱制氯化钾的试验，分析了云南磷灰石矿、云南和贵州铝矿石，炼制出了金属铋，建立了我国金属铋自给自足的基础。颇值得一提的是，黄海研究社还自行创建了推广应用试验成果的三一化工厂。

在范旭东的委派下，黄海研究社专家郭浩清对自贡当地的黑卤做了全面深入的调查，他的报告书是我国历史上对四川自贡黑卤第一份较为完整准确的研究报告。为了让该研究成果投入实际生产，1943 年 6 月黄海研究社创立了"三一化学制品厂"。

---

①《工作述要》，《黄海化学工业研究社廿周年纪念册》，黄海化学工业研究社 1942 年编印，第 18—19 页。

②"永久黄"联合办事处：《我们初到华西》，《海王》第 12 年 19 期，1939 年 7 月 7 日。

在该厂开幕式上，范旭东在致辞中说："有许多关心这种情形的朋友，提议应另自设一个机关，凡是经过实验室研究所得的成果，认为前途有望可以设厂大量生产的，必先做一个半工业实验，不要拿研究室的结果，一步就跳到建设工厂，免得中途发生危险，贻累无穷。因为实验室的研究和设厂大量制造，中间有许多要件必须切实查明，要经过一段半工业食盐阶段，才靠得住。这在欧美化工先进国际，凡是创造一种新的商品，早已认为是必要的步骤。中国人才物力都不许可，国人又急于要见功效，这种做法，以为是绕弯子太大，嫌它迂缓，情愿花莫大资金，拿正式的大厂做他们实验厂，遇到意外，不免再衰三竭，终归于失败，落得一个怨天尤人完事。这种先例不知多少，实在可惜！黄海因此决定拜受各方盛意，请集资相助，这是创办三一化学制品厂的动机"①。

接着，黄海研究社副社长张子丰在致答词中说道："黄海化学工业研究社，二十余年来的对于国家社会，虽略有贡献，但一向是注重研究方面的。现在我们几个人要想从试验室走向试验工厂，对国家社会尽一点建设的力量，这不是一种贸然的尝试，实在是有意义的步骤。所以三一厂除提制食盐副产品及其他化学制品以外，同时还想以研究与实验和实业界取得密切的联系"。

该工厂之所以名为"三一化学制品厂"，一是因为表示"永久黄"三位一体，二是因为创建于民国三十一年。工厂创建后先后生产了氯化钾、硼酸、酒精、碳酸钙、小苏打等 11 种食盐副产品，并为久大、永利提供技术服务。后来，黄海研究社又创建了四海化工厂、明星化学制药厂等试验工厂。

总体上，在科学研究方面，黄海研究社在艰难条件下取得了远超抗战前十五年的成果，仅 1932—1942 就完成 39 份研究报告，

① 《范旭东先生在三一化学制品厂开幕致辞》，《海王》旬刊第 15 年第 29 期。

而且这些研究成果大部分都应用于生产，推动了久大盐厂、永利公司的“复活”。

在社会服务方面，黄海研究社秉承范旭东“科学救国”宗旨，欢迎各界到黄海研究社学习技术和实习研究，毫无保留地公开技术，义务指导工矿企业生产，还协助地方建立了食盐副产品制造厂。

在人才培养方面，黄海研究社也成果丰硕。即使在资金最紧张的时候，黄海研究社依然选派年轻研究人员出国深造，且鼓励研究人员大胆独立自主研究，因此培养了大量优秀人才，为当时及新中国化工事业做出了重要贡献。如 1949 年之后，黄海研究社的孙学悟、张承隆被任命为中国科学院工业化学研究所正、副所长，方兴芳被任命为中国科学院微生物研究所副所长，后当选为中国科学院院士，魏文德担任北京化工研究院副院长，孙继商担任上海化工研究院院长。

另外，在 1944 年久大公司成立 30 周年之际，“永久黄”还创建了海洋研究室。范旭东介绍创办动机时说：“一则为纪念过去三十年的辛勤，二则确定今后三十年我们工作的趋向，凡是熔化在海水的矿质，不怕细微，不拘多少，都得收取，将来我国代钢铁而兴的轻金属，我们要由海矿贡献，化工、医药、宝贵的原料，我们要由海矿取来，长江以北三数千里的海岸，本团体十万亩以上的盐田，都是我技术员工驰骋用武之地，我们应当兴奋，应当鼓舞，人世惟有趋向大自然进展的事业，才真可久大可大。”①

总体上，黄海研究社成果丰硕，没有辜负范旭东的期望。当时有评论将这一时期黄海社的工作精神与特色概括为：“对国防

① 范旭东：《久大第一个三十年》，《化工先导范旭东》，中国文史出版社，1987 年，第 212 页。

民生有关之科学的研究”“技术研究与业务经营的配合”“专家与高级科学人才之培养”以及“锲而不舍与实事求是的工作态度”，号召国内各实业团体与科研机构学习借鉴。① 还有评论指出：“中国非提倡科学不可而尤须注重科学的研究……建国要靠科学，‘黄海’的这一群科学家是真正的建国之栋梁，他们应当受全国人民的崇敬。”②

而这些研究成果来之不易，也是克服千辛万难包括社会的不理解才取得的，如范旭东所说：“属于化学这一门的研究，比其他各学科都废时日和金钱，稍微志趣动摇，决不能支持长久。研究员穷年累月和毒气甚至毒菌周旋，即算大功告成，所得的只是两三行短短的方程式，既不通俗，外行人是毫不兴趣的，设非自动的肯牺牲，也决不能全始全终”③。他还说：“二十年来世人责望学术研究机关的，多注重眼前的得失，常常冷语批评：‘某社某人不顾民生疾苦，这时候还在研究室做洋八股。’他们硬把学理和应用分作两起，要先应用，后学理。凡是研究学理的就被误会是纸上谈兵，不切实用。这论调，相信他是出自悲天悯人的至情，并非恶意。但是，一言丧邦，不知多少做研究工作的受到磨折。说句痛心的话，中国学人，到今天还在和环境争生活，说不上受国际社会的敬仰，潜心学术。”④

如范旭东所言，当时抗战条件万分艰苦，但大后方还是有很多人潜心学术，使得中国科研教育弦歌不辍甚至大有长进⑤，如1938年到1944年国民政府经济部核准的“发明”和“新型”专

① 赵乐群：《从现代化工事业的重要性看黄海化工研究社的历史与工作》，《中国工业》第14期，1943年2月。

② 丁宁：《记黄海化学工业研究社》，《文化新闻》，1945年3月31日，第3版。

③ “永久黄”联合办事处：《我们初到华西》，《海王》第12年19期，1939年7月7日。

④ 范旭东：《黄海二十周年纪念词》，《海王》第14年第32期，1942年7月30日。

⑤ 抗战时期，大后方工业也有蓬勃发展，据傅国涌《民国商人》一书，到1944年大后方共有5266家工厂，资本总额为48700万元，工人约36万人，其中化学工业最为发达，占资本总额的31.16%。

利共计431件，而1912年至1937年注册专利总共才275件，其中化学工业领域的专利数远远领先于其他工业门类。[①] 这种潜心学术的精神也非常值得今天的我们致敬、学习。

八、物资运输中断

厂址、资金、技术等问题都解决了，永利重建化工基地最大的困难就是机器设备了，因为一方面很多原来的机器设备没有搬迁过来，另外一方面侯氏制碱法所需的机器设备也没有。采购机器设备实际上并不太难，因为有美国老朋友李国钦帮忙采购，关键是如何在战时交通阻碍中把这些机器设备安全运输过来。

早在1940年2月，永利就在昆明设立了运输部专门从事运输，从越南海防港运输美国购置的物资过来。运输部下设9个运输处、3个运输站、5个接待站、5个修车厂、3个车队，从业人员200余人。但当年8月，越南海防港被日寇占领，永利500吨物资被堵塞在海港，范旭东对此痛心说道："公司当时未运出之机件500吨，全被封锁，后经允得开往菲律宾轮船之吨位，旋载运转口，不意甫驳上船，卒为敌兵拦截以去，言之慨然"[②]。

此路行不通只能转走滇缅路从缅甸运到四川。因为缅甸当时为英国属地，当时英日尚未开战，从云南到缅甸仰光的滇缅公路成为当时中国与外部世界联系的唯一公路运输通道。而走这条漫长崎岖的路需要有自己的汽车自办运输才行。因此，范旭东决定前往美国选购汽车等物资。

1940年10月27日，重庆朝阳门码头，范旭东拖着大病初愈的身体即将出发。妻子许馥破例前来送行，范旭东对妻子说："前回往欧洲去还没有送行，这次反为客气了。"然后，他与妻子

① 袁森：《全面抗战时期民营工业企业研发活动考察——以黄海化学工业研究社为中心》，《抗日战争研究》，2021年第2期。

②《永利总管理处致股东业务报告》，《海王》第15年15期。

相顾一笑[1]，千言万语尽在这一笑中。

范旭东此行特意从香港乘船到达菲律宾的马尼拉，然后再转船到美国。有人问为何要走这条很远的路线，范旭东说他要特意尝试下海的力量。其实这是范旭东有意避开日本，“取这条路线，可以不经过日本，省得怄气”[2]。

在海上，年近花甲且晕船的范旭东忍受着轮船的颠簸，他的内心也很不平静，回首过往尤其是抗战以来的情形感慨万千，他于是动笔写下文章《同它再拼三年》。其中写道：“受难的我们除非咬紧牙关，和他再拼三年，没有第二条路可走……今后的困难必然更多，我们要严励反省，须知这一次如其再放过敌人，让他成功，反动过来的结果，是不堪言状的！并且如其中国抗战失败，人间正义也要荡然无存，这种责任何等重大，岂能放弃？”

1940 年 12 月 6 日，范旭东终于抵达美国波特兰，与迎接他的侯德榜紧紧相拥，千言万语尽在不言中。然后，他们来到李国钦特意为范旭东举行的接风洗尘酒会，与李国钦等人举杯一饮而尽，千言万语尽在酒中。酒会结束后，李国钦诚邀范旭东住在他的豪宅里，但范旭东却毅然住到了侯德榜那六平方米的宿舍里。

之后，范旭东不顾旅途劳累，立即投入工作，在李国钦、侯德榜的协助下考察、采购所需机器设备。期间，范旭东与美国某化工机械公司签订了购买该厂设备的协议，为了更多地了解这些设备，范旭东提出要参观该厂。因为害怕泄密，该公司同意范旭东参观但不同意侯德榜同行。这不是问题，侯德榜扮演范旭东随从跟随范旭东参观，他左手指指点点，右手则在裤子口袋里悄悄记下相关数据，大致了解了这些机器设备。侯德榜聪明绝顶记忆超群，据说他只要看一眼化工厂下水道的液体流量和颜色，就能

① 范旭东：《远征》，《海王》第 13 年第 5 期，1941 年，1941 年 3 月 10 日。
② 范旭东：《远征》，《海王》第 13 年第 5 期，1941 年，1941 年 3 月 10 日。

把工厂产品和质量说个差不多，要不然也不可能在清华读书时 12 门功课门门满分。

除了采购机器设备，范旭东此行还有一个重要任务就是采购货运卡车。范旭东找到了美国福特汽车公司，因为范旭东曾和它打过交道。1933 年，美国福特公司想在中国开设一个汽车装配总厂，便找范旭东合作拟中美合资联营，只要范旭东投入少量资金即可出任公司总经理。范旭东鉴于他一贯的自力更生立场婉言谢绝了这一提议，虽然被拒绝，但范旭东给“汽车大王”福特留下了很好的印象。因此，当范旭东找上门来时，福特没有任何犹豫，一口答应卖给永利 200 辆适合山路行驶的载重卡车。

在美国，范旭东遇到一件特别让他印象深刻的事。1941 年 1 月 26 日，范旭东和侯德榜正在雪地上步行，突然三个中国小孩围上来请他们买束花。范旭东问她们为什么这么冷的天出来卖花，一个小女孩回答说：“妈妈告诉我们，祖国正在抗战，我们也要为抗战出力。卖花挣钱是捐献给祖国为抗战而受伤的士兵的。”对此，范旭东 1941 年 1 月 29 日在致阎幼甫的信中感叹：“华侨的学童，冒着大雪，在纽约街上卖花，捐助伤兵。我深深地受感动。这花，我送给你作纪念。抗战以来，许多要人由中国香港而菲律宾，再飞渡太平洋，在大纽约城做寓公的不下三百人。他们对国事是掩耳不闻的。但是他们一丝一毫的供养，都出自小百姓的血汗，这从何说起，人类是如此的不同然的……”

1941 年春，范旭东完成了此次美国之行的任务，拒绝了李国钦让他在美国再多逗留些时日好好休养的美意，启程乘飞机回国。永利重建还有一大摊子事等着他呢，尤其是要安排新的运输路线。范旭东计划的新运输路线是：“由缅甸仰光进口，经铁路运抵缅甸北部曼德勒，再由中缅公路运到云南昆明，又经川滇公

路运抵四川泸州转往各地。”[1]

1941年4月，范旭东由昆明飞往缅甸仰光，亲自指挥运输工作。同事劝他不必亲冒风险，范旭东则在致同事阎幼甫的信中表示：“运输线就是我们的生命线，生命线的争取，首先要拿生命去拼”。

来到仰光后，范旭东安排在汽车运输途经的畹町、保山、昆明、泸州等地设立接待站，将公司大批人员调到各接待站任职，并在当地招收了200多名卡车司机和装车工人，还亲自批支票、记账、制定装车日期……他在致孙学悟的信中说：“弟决定在此多候些日子，将来运输部事务赶上正规。将近15年没有料理日常琐屑，现又亲自开一、二元的支票、写账、翻电报……再重复一次塘沽的最初光景，也有趣，老范还来得。”[2]

当时仰光每天高温达四十度[3]，直到5月30日才下雨稍微凉爽，满载设备的永利第一支车队当天冒雨由仰光出发，范旭东冒雨来为车队送行，叮嘱车队人员首尾相顾互相帮助注意安全。范旭东在仰光住了80多天，送走了一支支车队，其中有三支车队装载着汽油。这些汽油，范旭东打算一部分留作永利自用，一部分用来出售换回资金偿还贷款。他还打算车队替政府贸易委员会运输桐油，这样车队便可通过运输来赚钱。

范旭东还亲往运输路线，考察、解决运输中的各种困难。比如有些司机会夹带私货，范旭东一旦发现立即开除，严重的还会送到法院。还比如制碱的重要设备干燥锅因为长达六米要把锅皮扣在驾驶室上运输，这样驾驶室便不能开门，遇到紧急情况便很危险，范旭东毅然钻进第一辆运锅皮的卡车随车前行。

---

① 章执中：《爱国实业家范旭东》，《化工先导范旭东》，中国文史出版社，1987年，第42页。

② 范旭东致孙学悟的信，《海王》第19年4期。

③ 范旭东后来在《海王》“家常琐事”栏目对此开玩笑说：“幸亏是瘦子，根本热不出油来——托福不小。”

而滇缅公路非常难行，山道险峻，边上便是万丈深渊，经常面临滑坡、泥石流、瘴气、暴雨等自然危害，还会遭遇沿途土著、劫匪、地方政府等的敲诈勒索。这些困难被“遇魔斩魔”一一克服，永利车队艰难前行，范旭东对此感慨道：“（运输）中有极笨重之钢铁多车，特编队同行，俾互相照顾，蜿蜒于滇缅崇山峻岭之间。见者辄为惊叹，设非战时，决无如此壮举！亦足自豪”①。

运输中最大的障碍来自国民政府。1941 年 9 月 12 日，国民政府公布运输统制法，规定无论公私物资凡是经过滇缅路都须由运输统制局统一运输。如此这般的话，永利车队就只好彻底熄火停开了。范旭东当然不甘坐以待毙，于 9 月 26 日直接面见蒋介石，历陈永利汽车、车队都已齐全，自办运输于国于民有百利而无一害，而运输统制局贪污腐败②调度无方毫无服务精神，因此永利应继续自办运输。蒋介石当面表示支持范旭东，让范旭东具体呈文。返回后，范旭东立即呈文，可 10 多天后等来的批复呈文只是允许运输统制局每月给永利运送 360 吨物资，运费可先记账等永利投产后再还，对永利自办运输一事却只字未提。

虽然很不甘心但也无可奈何，永利只得在运输统制局节制下运输物资。不久，范旭东在 1941 年 11 月下旬赴香港公干时，遭遇香港沦陷被困香港，一困就是四个多月。等范旭东回到重庆时已是 1942 年 3 月 2 日，而这期间缅甸局势已发生巨变。1942 年 1 月 16 日日军开始进攻缅甸土瓦，1942 年 3 月 2 日日军攻击仰光北部，1942 年 3 月 8 日仰光失陷……日军在逐步攻占缅甸，永利在缅甸畹町的物资危在旦夕。

---

①《永利总管理处致股东业务报告》，《海王》第 15 年 15 期。

② 这个运输统制局对外以西南运输公司名义运作，总经理是宋子文弟弟宋子良，由它统一节制滇缅公路上的运输是宋子良和蒋介石表弟俞飞鹏联手促成，此后垄断滇缅路运输雁过拔毛大发其财。

不顾身边人劝说，不顾可能遇到比被困香港更大的危险，范旭东再次赶往缅甸处理物资运输问题，他说：“为国家和事业吃点苦是应该的，这次我从香港回来，人世间的苦事都经历过了，经验也很丰富，这次去畹町，万一还痛苦些，甚至翻车出事，我也不容辞。祈求心安，其他一切意外的痛苦和危险请不要顾虑太多！”① 4 月 19 日，范旭东赶到畹町，得知有支日军正在袭击腊戍②，而腊戍距畹町不过 180 公里，畹町有永利从仰光抢运出的几百吨器材和 3500 桶汽油，这些物资对于永利至关重要不容有失。

情急之下，范旭东向蒋介石侍从室发急电，请求允许永利公司车队抢运物资，但一直没有得到回复。形势危急刻不容缓，范旭东于 5 月 3 日决定不顾禁令派出车队去畹町抢运物资，他在当天给孙学悟的信中写道：“畹町危极，小弟真够烦恼。我们抢运出的器材、油料还有几百吨，虽然放了大批车子去抢运，究竟来得及否？成问题。”就在大量卡车前往畹町的当天，畹町失守。国民政府下达“自行销毁畹町物资，以免资敌”的命令，永利囤积的大量物资尤其是珍贵汽油化为烈火浓烟。“一滴油一滴血”，范旭东得知消息，备受打击，但不敢懈怠继续组织抢运缅甸剩余物资。

可 5 月 4 日、5 日，日军派出大量飞机轰炸汇聚各种物资的保山，驻防该城的国民党部队也烧抢保山，繁华的保山被夷为平地，永利的 80 多辆车辆、各种物资损失殆尽。而且，随着缅甸的沦陷，滇缅公路这条国内与国外运输的生命线被扼杀，只剩下

---

① 胡讯雷：《中国工业巨子范旭东》，中国青年出版社，第 1991 年，第 255 页。

②“火柴大王”刘鸿生在大后方也想复建中国毛纺织厂和中国火柴原料厂，便派儿子刘念智潜回上海想偷运原纺织厂的机器。刘念智买通一个日军少将好不容易将机器运到租界，又花巨款包括自行购买了 12 辆美国卡车将机器运到腊戍。但西南运输公司以私运物资为由就是不让过境，到 1943 年 4 月，日军占领腊戍，数百吨机器设备化为炮灰，刘念智逃进野人山九死一生才逃回重庆。

驼峰航线这条空中通道。而这条空中通道运输的都是军用物资，永利运输通道因此彻底中断，机器设备再也运不进来，永利同人感叹道："为争取民族生存，代价亦云巨矣。"

范旭东也极为伤心，他在5月12日给孙学悟的信中说："这几天，闹滇缅路的战事，简直是人仰马翻。永利同人拼死抢出来的器材，（敌人）一个包抄又全毁了，伤心，恨人，无从说起"①。但范旭东并没有完全绝望，他强撑着继续组织运输剩余物资，并对股东说："其未起运现存美国者，尚有约三千吨之多。太平洋战起，由中途改运印度者，尚有若干吨，亦正派员往查，均非俟国际路线再开，暂时无法内运。至于工程上应办而可办之事，现仍照常进行，未稍松懈，任何波折，不过延续完成之期日，加重困难而已，于根本大计固无碍也……吾人决不至因顿挫而自馁，置公众赋予之责任于不顾"②。范旭东的这种百折不挠顽强不屈的精神，是他事业成功的重要原因，也足以让我们今天动容、学习。

九、香港脱险

抗战中，范旭东不仅面临着物资的毁灭性打击，还曾面临生命威胁，那就是他于1941年11月被困香港以及之后从香港逃亡。因为日军的侵扰，范旭东于1938年8月将永利总管理处迁往香港，香港当时是英国殖民地与日本尚未开战，而且香港是自由港便于对外联络。

1941年11月下旬，范旭东出席完国民参政会例会后来到香港铜锣湾寓所，打算稍作休息便再赶往缅甸调度运输，不料局势很快巨变。1941年12月7日，日本海军偷袭美国军事基地珍珠

---

① 孙学悟：《追念范兄》，《海王》第19年4期，1946年10月20日。

② 范旭东：《致永利化学工业公司股东公开信》，《范旭东文稿》，天津渤化永利化工股份有限公司，2004年，第155、156页。

港，宣告日本与美国、英国正式宣战，随后日军在东南亚地区开始攻击英美属地，包括香港。香港驻军不多，危在旦夕。

12月8日，范旭东想去照相馆拍摄去缅甸的护照照片，就在去照相馆的电车上，范旭东看到报纸“号外”上大书“香港在战时状态”。下车后，他去了一个老朋友的办公处，打听到果然开战了。回到家，他发现寓所前面草坪已经变成了高射炮阵地。

得知香港开战的消息后，范旭东立即和夫人许馥整理行装准备离开香港。许馥之前早就将行李装好在两个提包，随身带着随时准备出发。只是范旭东的香港寓所存有很多公司的资料包括“侯氏碱法”的一些原始记录，为避免落入敌手，他将一些最重要的资料存入一家银行的保险柜，其余的只能忍痛烧掉，范旭东对此曾伤心地回忆说：“生平没有比这次更难过的事。”①

日军很快占领新界，开始炮轰和飞机轰炸香港。当时国民政府驻港人员奉命通知范旭东，说他可以乘坐专机飞重庆，但范旭东拒绝了这一特殊照顾。范旭东夫妇和经济学家何廉、《大公报》总经理胡政之等人躲到了金城银行总经理、永利董事长周作民的金城银行香港分行地下室避难。

有一天，《大公报》港版主编徐铸成来看望范旭东，他后来这样描述范旭东：“中等身材，面清癯，双目却炯炯有神，穿着一套半旧的西装……他的湖南口音很浓重，但说话很热情，不断问我收听到的太平洋大战发生后国际的新局势”。

范旭东称赞《大公报》港版停刊号上的文章《暂别读者》很得体，尤其是结尾引用的“人生自古谁无死，留取丹心照汗青”，认为《大公报》在舆论界立下了一根坚实的柱子，永利在化工界立下了一根坚实的柱子，有了这些柱子中国的基础就牢固了终会建成高楼大厦。他还对徐铸成说：“你听你听，日军炸弹的爆炸

① 范旭东：《远征》，《海王》第13年第5期，1941年3月10日。

力已很有限，可见它的炸药制造并不怎么先进，我们再努力一把，完全可以追过它。”①

1941 年 12 月 25 日下午 3 时许，香港港督在投降书上签字，香港就此沦陷于日寇之手。“在短短几天内，一个歌舞升平的美丽城市顿时变得死气沉沉，所有商店关了门，日用必需品买不到了，满街都是垃圾、废报纸之类的东西。每个市民欢乐的笑脸不见了……居民最困难的是粮食恐慌。所有商店都关了门……”②日军还大肆搜查、抢劫、奸淫、屠杀民众，对在香港的名人更是不放过，金城银行总经理周作民就被拘押了起来，周作民曾担任中日贸易协会主席对日本较有影响③。

日军也冲到金城银行地下室抓人，范旭东因为衣着简朴而躲过了日军抓捕。但由于粮食紧缺，且老友周作民被抓，范旭东夫妇不再受欢迎每天食不果腹。“在这种恶劣环境下并没有使范旭东颓废，他经常以阅读各种书报来消磨时日，他幽默地说他很欣幸，能够读到不少平时想读而没有时间读的书，米虽不易买，精神粮食却不缺乏。”④ 当范旭东看到汪精卫系办的《华南日报》大肆宣传“大东亚共荣”时，他说：“这样看来，中华民族的前途也还是可怕的，到了这种非人生活的环境里，竟还厚颜偷生！还有一班知识分子，太缺乏知识，太缺乏判断力，自扰扰人”⑤。

几天后，徐铸成又来找范旭东，因为《大公报》港版停刊让日军很不高兴，日军强令徐铸成恢复《大公报》港版出刊。徐铸成自然不愿恢复出刊为日本鼓吹，便前来找范旭东讨主意，很有

① 徐铸成：《记范旭东》，《新闻丛谈》，浙江人民出版社，1983 年。

② 转引自李玉：《企业先驱：范旭东大传》，中华工商联合出版社，1998 年，第 327 页。

③ 周作民于 1941 年 4 月 15 日被日军押送上海，日军、汪伪政府都想与他合作，但周作民除了担任金城银行和有关的投资银行职务外，假托身体有病未出任其他职务。抗战胜利后，国民党特务说他“通敌”，在蒋介石批准下得以被保护，但被迫辞去金城银行董事长职务。1951 年 6 月，周作民由香港回到北京，是解放后私营金融业领军人物中第一个回归内地的，后金城银行与其他民营银行一起公私合营，1955 年 3 月 8 日周作民逝世。

④ 莫玉：《范旭东》，中国财政经济出版社，2014 年，第 229 页。

⑤ 贾湘：《范先生回到重庆》，《海王》第 14 年 18—19 期，1942 年 3 月 20 日。

斗争经验的范旭东告诉徐铸成："我想你先要有自信，一定能战胜困难。日本派到香港的这些文武官员，至多不过是他们的三四流人物。而我们都是中国第一流人才，相信我们的聪明才智一定能斗过他们。其次，你要把握主动，他们要强迫你出报，你若是怕出报，这样，他掌握了主动，你处处落入被动。你应该多想想，想出几个他没法解决的问题，你就变被动为主动了。争取了时间，再设法离开香港。我相信你一定能战胜这个困难。"[①] 徐铸成因此备受启发，答复日军恢复出刊可以，但需要召集报社原来员工。就在日军辛辛苦苦为其找人时，徐铸成自己溜之大吉。

范旭东也在想方设法离开香港，但范旭东作为中国化工巨头早已上了日军通缉名单，日军正在到处抓他，明走肯定行不通，只能暗地里逃走。当时因为日军在香港的残暴之举导致了香港的大饥荒，日本当局于是想到一个"高招"，施行"归乡政策"遣返人口，强迫市民离开香港以节省粮食。很多在香港的人被迫离港，1942 年 12 月就有 60 万市民离港，范旭东于是想到借此机会以难民身份离港。当时日军还没有发现范旭东的真实身份，范旭东夫妇便以难民身份申请到了离港证，决定经九龙深圳陆路回内地。

1942 年 1 月 18 日，范旭东夫妇和何廉、金城银行重庆分行经理等 90 多人来到香港码头，看着众多逃难的难民，范旭东内心感慨万千。他后来追忆道："历史反复，太不近人情，决不让行人等闲看过。记得，两万箱鸦片，是在这里焚毁的，当时漫天烧烟，久已消失无踪无迹了，各人心上的创痕，到如今无端又重新加番刺激，试问今日逃难的男女，谁不是一百年前受难同胞的

① 徐铸成：《记范旭东》，《新闻丛谈》（1—12），浙江人民出版社，1983 年。

子孙？那堪回首……”①

排了四个小时的队，范旭东一行终于顺利踏上了从香港开往九龙的渡船。到达九龙后，他们开始徒步回内地。路上风餐露宿，尤其是看到很多难民的尸体，范旭东很是痛苦愤怒。他们行经的地区当时大多被日军占领，他们要想方设法躲着日寇，但有时不免也会遇到日寇搜查、抢劫财物。

有一次，他们到达一个渡口正要上船时，一伙日军呼啸而来。范旭东用日语和他们说，他们是在香港银行做事的，现在因为香港粮食紧张，而获准离港自谋生路。有个日本兵听到范旭东说的是流利的日语便很惊讶地问他到过日本吗，范旭东回答说自己是日本京都帝国大学毕业的。这个日本兵立马恭敬地说：“啊，先生是我的前辈，我也在帝大念书，才读了两年，因征兵来中国服役。”范旭东摇头道：“很可惜，少了一个学士。”因为范旭东是这个日本兵的“前辈”，这伙日军便放行了范旭东一行。

经过危险的日占区，也经过非常危险的土匪区，范旭东一行还经过游击区，在游击区获得共产党领导的游击队在住行、安全等方面的保障。范旭东对此很感动，对同行者说，中国如果能多些这样的人，不仅能方便逃难的同胞，即使从香港抢运物资也是能办到的。1942 年 2 月中旬，历经近一个月逃难后，范旭东一行终于到达桂林，在久大湘区负责人帮助下乘飞机回到重庆。

1942 年 3 月 2 日晚 11 时许，范旭东夫妇终于平安到达重庆珊瑚坝机场。前来接机的“永久黄”同事们立即欢呼起来，他们一直非常挂念范旭东，“永久黄”离不开范旭东。下了飞机，范旭东感慨道：“我的生命每天 24 小时在死亡线上抖动……我们是

① 范旭东：《往事如尘》，《海王》第 14 年第 22 期，1942 年 10 月 20 日。

很幸运地回来了……走在我们前面或走在我们后面的同胞，有不少已无辜的牺牲了，这只能归诸命运吧！”

3 月 4 日，永利公司特意为范旭东脱险举行了庆祝会，范旭东讲述了他脱险经历后激动地说：“我马上开始工作，希望同人各守各的岗位，少谈方法，多做实事，向前努力，把我们的事业做一颗民族复兴的种子”[①]。

① 贾湘：《范旭东回到了重庆》，《海王》第 14 年第 18—19 期，1942 年 3 月 20 日。

第五章　工业先导殒落

一、赴美国考察

永利的机器设备等物资运输被迫彻底中断了，但范旭东等“永久黄”同人绝不甘心坐以待毙，还是尽力做事。“关于复兴化工，日来进行甚力，吾等在未死之前，尽一份力，称一份职，只要为抗战建国费了心力，始不愧也。”①

范旭东决定“自力更生丰衣足食”，利用现有的厂房设备，采用路布兰制碱法制碱，每天产碱两三吨，碱的质量也很高，备受市场欢迎；在碱厂附近设立煤矿，每天产煤 80 吨，满足了川厂生产和职工生活需要；还成立了机修厂，从事机械加工，支援了本厂和其他工厂建设；自办了炼焦厂，生产出合格的焦炭；建成电站，供永利自用和卖给岷江电厂；建成炼油车间，生产出合格的汽油、煤油、柴油和沥清。永利员工还兴办了小规模玻璃厂、陶瓷厂、砖瓦厂等生产玻璃、耐火砖甚至虫菊蚊香，满足了永利员工就业和当地居民生活需要。永利还与中华工业社股份有限公司合办了綦江铁厂，“设计的水车风箱效用均甚大，热风炉效力也大，所以练起铁来省矿砂，省木炭”②。

永利的深井钻探也在继续进行，历经二百多天到 1942 年 9 月

---

① 唐汉三：《学习范先生工作精神》，《海王》第 20 年 17 期，1948 年 3 月 1 日。
② 赵津主编：《“永久黄”团体档案汇编——永利化学工业公司专辑》，天津人民出版社，2010 年，第 657 页。

28日已深达3500尺，是当时国内第一深井，在当地发现了天然气、石油、黄卤、黑卤等大量资源，被《大公报》专题报道。范旭东高兴地说："奠定华西基本化工的中心，是我们一点救国微忱，这艰巨的课题，大家只得咬紧牙关遂行……自筹备起，到本年九月，两年多来，不知道费了多少人的气力和心血。九月二十八日下午消息传来，居然如愿以偿了。那浓厚而丰富的盐卤和势焰猛烈的瓦斯，象征着未来中国化工的光明，的确是抗战期间中一服兴奋剂……我们的志愿到今天总算初步达到了！我们应当忘记过程中一切苦痛。"①

此外，永利在艰苦卓绝的条件下，依然成立了小学、海王剧团、龙湖剧社等福利机构，职工的福利待遇依旧比较好，甚至无论经费如何困难都要保证小学生喝上牛奶。

"永利川厂在大西南八年中，为四川的工业发展和战时的国防建设是做出了很大贡献的，时人曾作《永利川厂歌》，对其成就歌颂道：'塘沽崛起廿年前，基本化工碱先茁，锰厂继踵卸甸旁，硫硝两酸酸中杰……代油鲁碱烂漫成，坠地呱呱世已惊……'"②

更难得甚至不可思议的是，范旭东及"永久黄"还创建了银行。永利资金向来困难，即使后来获得四大银行2000万贷款也不够用，永利一度将极为重视的日产水泥500桶的成套设备转让给了银行。为了资金方面的自力更生，为了摆脱银行像绳子般的束缚，范旭东便想到由"永久黄"自行创建一个银行以募集企业生产资金。

在获得"永久黄"同人支持后，范旭东的想法也获得了老

① 范旭东：《永利深井卒至成功了》，《海王》第15年第2期，1942年10月20日。
② 李玉：《企业先驱：范旭东大传》，中华工商联合出版社，1998年，第338页。

友、著名经济学家何廉[1]的赞同。在何廉等人的协助奔走下，建业银行于1943年12月28日获批成立，股本总额为1000万法币，其中350万为“和济”“振华”两家钱庄股份，另外650万是向社会募集的新股，包括“永久黄”投资的230万。

据说共产党对建业银行也进行了投资，如周恩来的秘书童小鹏在《风雨四十年》一书中提到，“为了求得企业的生存，范旭东打算自己创办‘建业银行’，以取得周转资金。周恩来知道后，指示龚饮冰与刘少文、卢绪章（他们都是为党在社会上做经济工作的）商量，又与范旭东晤谈，决定参加建业银行的筹建，以党的营运经费参加，在资金（起先是17%，后来44%以上）、人力（龚饮冰任常务董事，后任总经理）方面给予支持。”重庆出版社1991年出版的《重庆金融》一书中也记录道，共产党对建业银行的投资占资本总额的44%，建业银行下属分行均安排有共产党地下党员参与工作。

1944年6月1日，建业银行开业，原和济钱庄董事长旺代玺任董事长，永利化学工业公司财务协理、范旭东堂弟范鸿畴任总经理。范旭东在开业贺词中讲道：国家强盛必须振兴实业，而实业发展有赖于金融界支持，希望建业银行办成一个以扶持商业发展生产为宗旨的银行，希望将来“永久黄”能在生产经费方面获得建业银行密切配合。建业银行创办后与永利、久大公司业务往来频繁，“永久黄”有些厂子的工资都从建业银行拨发。

更为难得和不可思议的是，范旭东在1943年下半年就看清日本终将战败，并为此未雨绸缪高瞻远瞩地考虑到了战后中国化

---

① 何廉1919年赴美留学获耶鲁大学博士学位，1926年回国任南开大学商科财政系和统计学教授，1931年任南开大学经济学院院长积极推进经济学教学“中国化”，被誉为“在国内最早引入市场指数之调查者”和“我国最早重视农业的经济学家”。1936年以后，何廉出任了国民政府各种政府职务，包括经济部常务次长、资源委员会代理主任、国民党中央设计局副秘书长等。1944年何廉主持编制完成《（战后）第一个复兴期间经济事业总原则草案》，抗战胜利之初何廉又提交了“五年经济建设”计划纲要。

工的发展，制定了雄心勃勃的战后化工复兴蓝图。尤其是他亲手拟定了“十大厂计划”：1. 扩充塘沽永利碱厂；2. 修复南京卸甲甸铵厂；3. 完成五通桥合成氨气工程；4. 建设五通桥硝酸、硝酸铵及硫酸工程；战后第二年建设新厂；5. 拟新建湖南株洲水泥厂；6. 新建青岛食盐电解厂；7. 新建株洲硫酸铵厂；8. 新建株洲练焦厂；9. 扩建株洲玻璃厂，战后第三年建设新厂；10. 南京新法制铵厂。

对于“十大厂计划”，范旭东还详细地拟定了大纲，大纲包括设厂地点、工厂设计要点、资金筹划等。他在大纲开头写道：“本公司战后化工建设目标，首在与政府战后整个建设方案相辅而兴，而以继往开来为职志，故计划范围不出本公司力所能及之限度，新建十厂，如厂址之分布、初期规模之大小、出品种类、人员与器材之布置均与旧有各厂相配合，尤注重确立国防之基础，意在粗具雏形，非敢云完善也。”[①]

为此，范旭东踌躇满志地说：“胜利在望，国运重新，各种工业必有蓬勃向上之趋势，我们亦将再接再厉，本以往之阅历，图未来之事功，大体方针虽不能离开盐，或者将向更广大更精神方面迈进！”[②] 在《为十厂计划呈军事委员会文》中，范旭东写道：“此举关系确定中国化工基础，百年长策，此其起点。设荷俯予所请，相信必然有成。成则为中国所有，运用自如，发挥无穷。公司同人于世俗荣利无所萦怀，仅为办事便利，故主张借债兴办。出货之后，将来财产谁属，一凭政府主张，绝无成见”。[③]

范旭东还以国民参政员身份向政府建议设置经济参谋部，根据建设急切需要，制定战后经济建设纲领，“经济参谋部之任务，

① 《永利化学工业公司创建社化工工厂十所办法大纲》，赵津主编：《“永久黄”团体档案汇编——永利化学工业公司专辑》，天津人民出版社，2010 年，第 611 页。

② 镜：《久大三十年》，《海王》第 16 年第 31 期。

③ 天津渤化永利化工股份有限公司：《范旭东文稿》，2014 年，第 115 页。

首先依据吾国建设之急切需求，制定全国经济建设之总计划，以为建设纲领、俾各部门实施之纲领，完全依次纲领，拟订付诸实行”①。1943 年他又在国民参政会上提出了战后复兴中国化学工业的提案，获得会议通过。

范旭东的其他建议部分也获得国民政府采纳，如 1944 年中央设计局根据范旭东建议扩大了 20 倍以制定战后经济纲领。范旭东也多次将“十大厂”计划上书国民政府军事委员会、经济部、财政部、战时生产局等，称“化工建设直接关系国防农工，国人属望之深殆无其比，三十年来公司几经苦斗，只以力与愿违，了无建树。华西局面，虽不惜排除战时万难，力求展开，乃一扼于越南，再困于缅甸，至今大宗器材存积美国未动，国内工程停顿，欲进无从，虽荷深厚同情，未予谴责，然国家迫切需求卒无以应，良用疚心！战后计划略有拟议……”②

范旭东的蓝图也获得侯德榜的极大认可、支持，他根据范旭东的“十大厂计划”在美国积极组织人员从事相关调查、研究、设计等工作。侯德榜 1944 年还在美国发表文章《中国的战后建设与美国的合作》，分析了中国美国合作的必要性可行性，在美国引发了强烈反响。很快，侯德榜和范旭东在美国见面共商大计。

1944 年 10 月，范旭东和上海银行总经理陈光甫、民生实业公司总经理卢作孚、中央银行副总经理贝祖贻等 6 人组成中国工商代表团，赴美参加战后国际通商会议，侯德榜以范旭东私人顾问身份列席会议。

会后，范旭东在侯德榜的陪同下，在美国考察工业、技术、管理，以为战后复兴中国化工做准备。他在致友人信中写道：

① 徐盈：《当代中国实业人物志·李烛尘传》，中华书局，1948 年。

② 赵津主编：《“永久黄”团体档案汇编——永利化学工业公司专辑》，天津人民出版社，2010 年，第 666 页。

“必将海王团体事业，作整个打算，到战后大家才不至茫然，再走旧路。国家吃了这样的大亏，即以本团体论，也是九死一生，似乎不该鬼混，迈进一步，是权利，也是义务。”①

范旭东、侯德榜在美国的考察极为忙碌，《海王》杂志当时曾有报道：“他们极看重时间，一刻不敢放松，各地会谈都事先约定时间、地点，谈话扼要简单，生怕断送时间与机会。所以，他们总是忙来忙去的忙个不停。而他们的身体则更见健适了，尤其是范先生，他比在国内还要健谈健步，赛得过壮年、青年朋友们”。

范旭东、侯德榜的考察也取得丰硕成果，让范旭东更了解了先进管理、技术、经验。范旭东感慨道：“美国人拼命往前赶，唯恐时间不够，而在中国似乎嫌时间多余，拼命浪费，（中美）相差太远，真不知从何谈起。”②

此次范旭东之行，也让美国工商界更加了解了范旭东及“永久黄”，“范旭东毅力及眼光之远大，使彼邦人士亦为之诧异钦敬”③，因此获得了很多合作机会。如美国威斯康辛大学大学赠予永利最新合成硝酸法技术，还让永利在原址进行半工业试验，一旦试验成功即可移植国内；巴西、印度政府请求永利帮助设计索尔维制碱法制碱厂，范旭东、侯德榜慨然应允。范旭东感慨道：“世界上竟有我们民族翱翔的余地”，侯德榜随后亲赴巴西、印度帮助设计制碱厂。

范旭东、侯德榜一行取得的最大成果是获得了美国贷款。美国进出口银行基于对范旭东、侯德榜的敬佩、信任，同意借款1600万美元给永利，除了中国政府担保不需要任何条件。这一成就首开中国工商界在国外自行贷款之先河，出人意外震动中外，

① 唐汉三：《学习范先生工作精神》，《海王》第20年第17期，1948年3月1日。
② 范旭东：《家常琐事》，《海王》第13年第32期，1941年7月30日。
③ 李金沂：《范公旭东生平事略》，《海王》第18年第17—19期，1946年3月20日。

但也导致了范旭东后来备受打击乃至英年早逝。

二、准备战后复员

1945年6月回到重庆后，范旭东立即将在美国借款情况报告给行政院，请求政府担保，却迟迟没有获得明确回复，只是表示“积极进行”。范旭东对此很是迷惑不解，“借款案此间已是车齐马就，只等重庆认可即可签约，在小百姓看，可算是破天荒的举动，大人先生如何判断，只好听之……”①

不需要政府出钱只需要政府担保即可，为何国民政府却不愿意呢？因为之前向国外借款只能通过政府，如今永利竟然直接就可以从国外借款，无疑在无形中损害了政府的权威。而且，当时国民政府一直想通过“官股”方式控制永利，如果永利借款成功，那这一企图也自然不会得逞了。

范旭东一方面在等政府回复，一方面在努力筹备战后规划。他和李烛尘、阎幼甫、范鸿畴等人积极商量战后“永久黄”的发展规划，计划“将海王团体事业，做整个打算”，鼓励同人道：“一旦敌人败退，我们应该绝对有权请求政府强制敌人履行公司一切要求，好好的把实物赔偿给我们的损失。战期各厂应得的利益，因敌人侵略，我们无从取得，也应该叫他担负；并且必得要求将日本基地化工，一定年限归我们控制，丝毫不敢放松。战后的观点，不应再胶着战前和战期的圈子里，要放大起来，担起创造任务。”②

范旭东还以参政员身份写了提案《管制日本工业之意见》，

---

①《范旭东先生尺牍》（三），《海王》第20年第28期。

②《春雨淋漓中一个盛会》，《海王》第16年第9期。

建议政府管制日本工业①，“防止日本人之再起，本为同盟国共同之责任，而协助中国之工业化，又为同盟国愿尽之义务”。这篇文章后来于 1945 年 9 月 17 日发表在《大公报》杂志，是范旭东最后公开发表的文章。该提案具体内容如下：

（一）盟方管制日本工业，应特别重视中国地位，并寄予信心。说明：战后促进中国富强，只有同盟国协助中国工业化，而战前日本工业品运销区域，均应由中国工业产品代替之，其责任非常艰巨……中国既责无旁贷，故管制日本工业，同盟国应注重中国之主张。

（二）直接与军事有关之工业，如钢铁、炼焦、机器、造船、大规模水火力发电、酸、碱、火药、制盐、航空、五金冶炼，以及各种有关溶剂等厂，应一律拆除。

（三）日军在中国及南洋伤毁或侵占盟方之工业，应责令日方即将所拆除之工厂设备，充作一部分赔偿之用。中国工业受害最深，无数因日本侵略而失业之工人嗷嗷待哺，应将所有工业设备尽先迁移中国，供救济之用。

（四）间接与军事有关之工业，如大规模棉、毛、丝之纺织，纸浆、造纸、人造丝、制糖、酿造、面粉及其他大规模日用品工厂，皆可暗自变为军用品制造所，均应受中国政府之限制。

（五）日本为产铜及硫磺国家，此皆军需重要原料，中国适与之相反，故日本之铜与硫磺两业，应由中国代为经营。

（六）日本政府及民间工厂所持之工业特许权，无论由日本人创造，或购自国外者，应一律提供检验，分别处理。

（七）以后日本由国外输入之原料，其数量只许足供制造本国

① 1944 年 12 月，范旭东还签署了由卢作孚起草的一份电稿，该电稿由胡适、张伯苓、王云五、蒋梦麟、林语堂等 21 位实业界、知识界、金融界的知名人士签名，呼吁“联合国人民，尤其美国人民，督促其领袖，立取有效之军事行动，在中国战场上打击敌人，不稍延误。”

消耗品之用，不得超过。

（八）日本化学肥料工厂，应少数向中国迁移。日本农业所需之化学肥料，应限定由中国输入，不得自制。杜绝暗中转变用途，制造军火。

此为吾人主张管制日本工业起码之必要条件，甚盼我国当局向盟方提议，以期实现。此不唯与中国之命运有关，亦即远东和平有力之保障。关键要图，不应忽视，故特为提出；与其待水沸而再作扬汤之举，实不如早抽薪于釜底之为愈也。①

1945 年 8 月 15 日，日军投降，抗战终于胜利结束了。欢呼声在九州四起，山城重庆也到处在欢呼，范旭东自然也兴奋至极。八年来多少生灵涂炭血肉横飞，多少忍辱负重辛酸困苦，多少“永久黄”的损失挫折艰辛磨难，终于一切都要过去了；战后中国将有新的天地，中国新的化工蓝图即将绘制，新的化工大业未来可期，一切即将开始。

在庆祝会上，范旭东兴奋地说：“吾辈得见今日，夫复何言，此后有生之日，必再为国家苦干一番。”② 他还说道：“我们每个人生在现代，都要为国家做一番事业，不但是为了我们这个团体，应当扩大到我们的国家，中国已经成了民主国家的一员，我们有艰重的责任，有更多的事情要做。为了我们的下一代，更要自强自立起来，去发展化工，把我们的工业民族化、世界化，希望永久团体的同人，在今天庆祝胜利的时候，准备更新的任务，建立更新的事业，把眼光方远一点，不以我们过去的小小荣誉为满足，我们应该不辜负以往的一点历史，去创造，去发扬更新的未来！”③

会后，范旭东立即着手准备派先遣队前往塘沽、南京接收工

① 范旭东：《管制日本工业之我见》，《科学》第 28 年第 5 期，1946 年 10 月。
② 李金沂：《范公旭东生平事略》，《海王》第 18 年第 17—19 期，1946 年 3 月 20 日。
③ 于扬善：《渝久永同人庆祝胜利》，《海王》第 17 年第 36 期，1945 年 9 月 10 日。

厂恢复生产，另外继续争取美国贷款兑现以及执行“十大厂计划”。

当时有人对范旭东的四处奔忙回忆道：“重庆、自流井、五通桥各地巡视，席不暇暖。他没来时，各种问题存在着，他来了，问题好像解决了；他走了，问题又渐渐地表现出来，似乎依然存在着。人事的更张，组织的变更，技术的解决，都是一一透过他的脑筋。”[①] 范旭东对自己到处疲于奔命在致孙学悟的信中感慨道：“在我个人的本性，是不好狂奔的，因为这时代，逼得我不得不慌忙，太勉强，太劳神，不知何年何月，才能摆脱。”[②]

范旭东看到自己很多老友都在忙着抢夺“胜利果实”在“五子登科”[③]，而痛心地说道：“近因胜利，看到我们许多高官厚爵的老友，伸着两臂向空中乱抓，实在过意不去，但若辈乐此不疲，民族休矣!”他特拟了一份公函提醒同人：“此次中国从死里逃生，可谓侥幸，今后万万不能再不振作，不能再贫再弱了。在战时要靠将士英勇救国，和平告成，其责任全在有司之人，不论所司大小，必得各自贡献一份。”[④]

范旭东也意识到复员的不易[⑤]，告诫同人：“事业方面的复员，不只是收复旧物，而是要重新创造新的局面，发扬光大……个人方面的复员，不只是打回老家，而是要革除旧习，求得新生……今后的若干年，国人一定还要大大的吃苦，还要加倍努力

---

① 王逸农：《本团体发展的必然道路——从“人治”到“法治”》，《海王》第 21 年第 8 期，1948 年 11 月 30 日。

② 胡迅雷：《中国工业巨子范旭东》，中国青年出版社，1991 年，第 293 页。

③ 抗战胜利后对沦陷区敌产的接收非常混乱、荒诞，对此有“五子登科”说法流传甚广，所谓“五子”者主要指抢房子、金子、车子、票子、女子，作家张恨水甚至以此为题材 1947 年出版小说《五子登科》，1948 年 7 月蒋介石在军事会议上认为“可以说，我们的失败，就是失败于接收”。

④《范先生对本团体同人的提示》，《海王》第 18 年第 1 期，1945 年 9 月 20 日。

⑤ 国民政府对西迁企业的复员非常冷淡，1945 年 8 月 130 个内迁工厂代表到行政院请愿，请求给予贷款协助复员等，行政院院长宋子文对他们冷冷地说：“中国以后的工业，希望寄托在美国的自动化机器上，你们这批废铜烂铁，济得什么事呢?”到 1946 年 5 月，368 家西迁企业只有 3 家迁回东部，349 家歇业。

奋斗，大势不容许同战前一样泄沓、苟安、发财、享福……的一切旧习，痛痛快快的根本革除，代以负责、守法、廉洁、勤劳……的新生活，各人自己求得新的生命，开辟新的出路，然后才配说建设新的国家，在复员开始的今天，敬请大家注意下面两句话：‘打起精神做人，集中力量建国’。”①

而永利复员最大的问题还是资金问题，还是美国贷款问题。如果美国贷款到位，永利有了 1600 万美元资助便有了战后复员重建的资本、底气。于是，范旭东继续为这笔美国贷款奔波辗转，甚至直接去找了时任行政院副院长孔祥熙、中国银行董事长宋子文。孔祥熙不做正面答复而是大谈特谈永利久大的远大前程，暗示他想投资入股共同“复兴”。而宋子文则明确表示如果由他出任永利董事长，与美国的借款合同便可由中国银行纽约银行签署担保。②

范旭东向来反对官商合办，自然不愿意他们插手永利久大，于是谢绝了他们的“好意”。他沉重地对同人说：“自从呈请政府核准，至今已两个多月了，团体的老同志也分别走了不少门路，找到行政院长，也是拖延时日，不予批复。时至今日仍是石沉大海。看来，对待永利、久大事业，孔、宋是穿一条裤子的。永利事业本应和进步的国策并行。国策逆行，活该她倒霉；除非世局进步或她有力量转移国策，她只好做国策的牺牲品。庸俗以为能多弄几张钞票到外面去应酬，或是找几位跑街的鞠躬致敬，多少有些好处。这好处在我看来，我不这样做，也毫无问题可以得

① 范旭东：《论复员》，《海王》第 17 年第 36 期，1945 年 9 月 10 日。

② 宋子文、孔祥熙等当时官僚资本借入股控制了不少民营企业，如孔祥熙名下公司当时就不少于 20 家，到 1948 年国家产业资本已占全国产业资本总额的 80%，宋子文、孔祥熙也曾想入股做卢作孚民生公司的董事长被婉拒。傅国涌在《民国商人》中对此写道：“国民党掌权以来，民营企业最大的威胁并不是来自外资，外国产品的倾销，那毕竟是可以竞争的，虽然居于劣势。但是，当他们面对官家资本、具有特殊权势背景的豪门利益集团的强大压力时，能够博弈的空间并不太大”。

来，不如不做”。[①]

对宋子文、孔祥熙两人，范旭东有了更清醒了解，他认为他们“一是官僚，一是买办，孔祥熙字庸之，名副其实，他倒是真够庸的。宋看不起中国人，和他讲话要讲外语，说中国话的人，找他谈不了几分钟，他就看表，示人以走。高鼻子哪怕是瘪三，都能和他长时间混。他看不起中国人，但他弄的都是中国人的钱，外国鬼子的钱，他一个也弄不来。他弄了中国的钱，还存在国外，到国外去置办产业；他不相信中国人，认为中国人靠不住，不保险，让这种人管理国家还会好吗？”[②]

范旭东又给经济部部长翁文濒乃至蒋介石写信请求批准，如在致蒋介石信中写道：“伏念机会稍纵即逝，工业建设如绘图设计准备需时，安可坐待。战后此举成功不啻为吾国工业建设利用外资开其先河，意义十分重要。务求迅赐核准……”[③] 但此信也没有获得任何回音。

与孔祥熙、宋子文等对范旭东的冷遇不同，毛泽东、周恩来对范旭东则予以热情相待。1945 年 8 月 28 日，毛泽东来到重庆和蒋介石举行和平谈判。9 月 17 日，毛泽东在桂园举行茶会招待产业界人士，范旭东、李烛尘代表“永久黄”出席。会上，毛泽东高度赞扬了范旭东的爱国敬业精神及为中国化工做出的重大贡献，并邀请范旭东在和平后到解放区办工厂。范旭东深有感触地叹息道：“中国的未来，看来只有靠中国共产党，才有希望。”[④]

9 月中旬，范旭东还和周恩来有过谈话。范旭东畅谈了自己的“十大厂计划”，他对未来满怀希望地说：“等不久，我们复员

---

① 黄汉瑞：《回忆范旭东》，《海王》第 18 年第 22 期，1946 年 4 月 10 日。

② 薛献之：《久大永利迁川之后》，《红三角的辉煌》，新华通讯社天津分社，1997 年，第 154 页。

③ 赵津主编：《“永久黄”团体档案汇编——永利化学工业公司专辑》，天津人民出版社，2010 年，第 682 页。

④ 章执中：《爱国实业家范旭东》，《化工先导范旭东》，中国文史出版社，1987 年，第 48 页。

了，我们要做的工作可多啦。”周恩来则谈了对国共合作和战后复兴工业的意见，对范旭东寄予厚望。

9月下旬，毛泽东、周恩来、王若飞等在重庆中共驻渝办事处召开工商界团体负责人座谈会。毛泽东介绍了中共和平谈判方案，也介绍了要建立的新民主主义制度。与会的范旭东问道实业界人士在这种制度里处于什么位置，毛泽东回答说：“有人认为中国共产党不赞成发展个性，不赞成发展私人资本主义，其实是不对的，民族压迫和封建压迫残酷地束缚着中国人民的个性发展，束缚着私人资本主义的发展和破坏着人民的财产。我们主张的新民主主义制度的任务正是解除这些束缚，停止这些破坏，保障广大人民群众能够自由发展他们在共同生活中的个性，能够自由发展，那些不是操纵国民生计，而是有益于国民生计的私人资本主义，保障一切正当的私有财产。今天在座的各位先生，应该说是资本家，但各位是民族资本家，是新民主主义制度的积极力量。目前我们的资本家是太少了，比方说，范旭东先生就可以任新政府的经济部长，来管理整个社会的经济，发展一下资本主义”①。

范旭东一向不问政治不慕权位，曾两次拒绝蒋介石让他担任部长的聘请②，认为中国最坏的毛病就是想做官的太多，认为“中国真正的需求是在增加社会的中流砥柱，决不缺少政客的轿夫和跟班的”③。因此，他回复说：“我一向不问政治，具体地管一个企业还行，领导国家经济，非我所能。若果真想物色经济部

① 陈韶文、李祉川：《中国化学工业的先驱：范旭东、侯德榜传》，南开大学出版社，2021年，第204页。

② 1935年蒋介石邀请范旭东担任实业部部长、1942年邀范旭东出任经济部部长。据永利老员工黄汉瑞回忆，后来范旭东好友、南开大学校长张伯苓出任国民党中央监察委员，张伯苓托人劝范旭东出来做官，范旭东说：“张大哥懂得什么，我们出去也不过是给人家捧捧臭脚”。

③ 范旭东：《闲穷究》，《海王》第11年第1期——12年第7期，1938年7月7日至1939年11月20日。

长人选，我倒可以推荐一个，就是这位李烛尘先生。”①

虽然范旭东不问政治但政治要“问”他，终于行政院对永利美国贷款的批示下来了，竟是“不予批准”四个大字。社会上关于“永久黄”“当毁不毁（碱厂），当迁不迁（酸厂），当建不建（川厂）”的流言也开始流传起来，说这和美国贷款未获批准有相当关系。范旭东为此深受打击，心力交瘁忧愤和积劳成疾，于1945年10月1日突然病倒不起。

三、范旭东去世

范旭东病倒后，因为他身体一向健康，刚开始范旭东及其家人都以为不是大病，范旭东还回信给孙学悟道：“秋天的塘沽，令人怀想，吾等可结伴而行了。”不料这病越来越恶化，侯德榜、李烛尘、孙学悟、余啸秋、阎幼甫等“永久黄”同人都赶来看望，范旭东对同人们艰难地笑道：“若不是为了国家、民族，我才不受他们的挟制、欺压呢！要是为了吃饭、享福，把永利、久大收拾收拾，够我享受几辈子的。”②

病中的范旭东终于有时间看书了，他看了《曾国藩家书》，联想到自己一生艰辛，感慨地说：“从自己晓得看书的时间起，就听见曾文正家书这个名称，年轻的时候，目空一切，他们做的事，自己不会不能的，瞧它不起，后来也没有找它看，字纸篓里，寻不出中国的出路，况且是我坚定的主张，更是眼睛角也都懒斜得那行婆婆妈妈的文字上去。这回日里实在太忙，晚上把三本家书，一气看完，给我一个深刻的感想，就是‘中国事难做’”。③“中国事难做”，这是范旭东最后最大的感想，反映了他

① 莫玉：《范旭东》，中国财政经济出版社，2014年，第257页。

② 张高峰：《苦海盐边创业纪实》，《化工先导范旭东》，中国文史出版社，1987年，第30页。

③《范旭东先生尺牍》(一)，《海王》第20年第26期。

的一生和中国现实，也很让我们今天感慨。[①]

10月4日下午3时许，因黄疸病与脑血管病同时发作，范旭东带着一生辛劳和壮志未酬离开了人世，享年63岁。临终前，昏迷中的范旭东用手拼命向空中抓取大喊道："铁链……"妻子许馥问他痛苦吗，他回道："我更痛苦的是战后宏图化为乌有啊！"[②] 他的临终遗言是勉励"永久黄"同人："齐心合德，努力前进！"

这一天，重庆剧场正在上演茅盾的话剧《清明前后》，其主人公更新机器厂厂长林永清独白道："我没有做过对不住国家的事。八年前，抗战刚一开始，我就响应政府的号召，把工厂迁来内地，我不曾观望，更不曾两面三刀，满口爱国爱民，暗中却和敌人勾勾搭搭，我相信我对于国家民族，对于抗战，也还尽过一点力，有过一点用处。"这应该也是范旭东临终的心声。

"嘉陵江波涛呜咽，沙坪坝万鸟哀鸣"。范旭东的突然离世是"永久黄"的重大损失，"永久黄"同人无不震惊、悲痛。"范先生逝世，是大家想不到的，真像做梦一样，那么一个生龙活虎的人，会在三天之内病故，的确使人难于置信……范先生是我们团体的领袖，同时是国家的栋梁，在这胜利复员，建国开始的紧要关头，忽然长眠不起，这损失太严重了！愁云惨雾，笼罩着中国化工事业的前途，我们为团体恸哭范先生，为国家恸哭范先生。"[③]

10月21日下午，"永久黄"团体在重庆南开中学大礼堂为范旭东举行追悼会。灵堂当中挂着范旭东遗像，四周花圈挽联环绕，周恩来、张群、王世杰、朱家骅、张伯苓、王若飞、任鸿隽

① 不止范旭东一个企业家有此感慨，荣宗敬也曾悲愤地说："中国实业到此地步，前途实不堪设想。上天不令中国人做第一等人"，卢作孚说过："我自从事这桩事业以来，时时感觉痛苦，做得越大越成功便越痛苦。"

② 秦亢宗：《抗战中的民国商人》，团结出版社，2015年，第120页。

③《范旭东先生逝世哀词》，《海王》第18年第4期。

等 500 多人前来吊唁，侯德榜、李烛尘、孙学悟陪祭。国共谈判甚至为此暂停，国共代表纷纷前来凭吊。

侯德榜宣读了他亲自写的祭文，从“创造能力”“笃信科学”“远大眼光”“艰苦精神”“私人道德”等方面高度评价了范旭东，最后说道：“今范先生于此时弃我辈长逝矣。胜利初临，复员方始，中国正大有为之时，而范先生去矣。吁嗟夫！荆地荆天，百废待举，巨星忽陨，公司失此领导一人，其何以堪。范先生固守八年，所冀者此胜利之一日，今胜利降临，范先生战后其计划得以发展矣，乃范先生其人与世长辞矣。呜呼！泰山可崩，大地可裂，范先生何以死耶？先生乃工业斗士，建设导师，不仅公司之领导，实民族之英雄，先生当此紧急关头，又何以死耶？岂造物忌才，文章憎命欤？同人继承范先生遗志，遵范先生所计划进行……将来若有小成就，非同人之力，乃范先生擘画之功。若其无所成就，非范先生之计划不善，惟予等小子无良。同人对范先生之死，哀悼悲恸之余，更感谢各界领袖来此参加，共分其哀悼悲恸。范先生在天有灵，亦必对诸君表示感谢也”①。

侯德榜读着读着潸然泪下，许多人也跟着哭了起来，参加追悼会的记者对此报道说：“这是真情的哭，由这哭声里，我听到永利前途的希望，也看出了范先生平日的为人”②。

范旭东遗像上方挂着蒋介石送的“力行至用”挽匾，遗像对面则挂着毛泽东的挽联：“工业先导，功在中华”。追悼会还收到 200 多幅挽联，如朱德、彭德怀合送的挽联：“民族工业悲痛丧失老斗士，经济战线仿佛犹闻海洋歌”；周恩来和王若飞合送的挽联：“奋斗垂卅载，独创永利久大，遗恨渤海留残业；和平正开始，方期协力建设，深痛中国失先生”；郭沫若送的挽联：“老有

---

① 侯德榜：《追悼范旭东先生》，《科学》第 28 卷第 5 期，1946 年 10 月。
② 记者：《新塘沽范公追悼会记》，《海王》第 18 年，第 6 期。

所终，壮有所用，幼有所长；天不能死，地不能埋，世不能活”；著名企业家卢作孚[1]送的挽联：“塘沽既成，犍乐又成，不朽清辉光史乘；为建国惜，为人群惜，岂仅私痛哭先生”；还有一个普通女工送的挽词：“你死了，我们工人永远不会忘记你”。

蒋介石发来唁电：“重庆范旭东先生家属礼鉴：倾悉旭东先生在渝逝世，哲人遽萎，曷胜怆悼。先生福国利民，功在人寰，综其建树，有光青史。尚望善承遗志，节哀尽礼以襄大事。除派吴文长官代为慰问外，特此致唁。蒋中正文机印虞”。

范旭东的老朋友、美国华昌总经理李国钦也从美国发来挽电：“惊闻吾等挚友遽尔溘逝，曷胜痛悼！中国自此失一忠勇之工业导师，吾辈失一诚挚之良友；哀悼之余，切盼先生（侯德榜）及永利同人加倍努力，继承遗志，以完成此一空前伟业，以志范公于永垂不朽。弟愿照常贡献至诚，尽力支助；并愿与先生及同人分任巨艰，共同奋进，以弥补此一巨大损失。”[2]

永利的“老对手”卜内门总经理迈高万也从海外发来唁电：“永利化学工业公司台鉴：贵公司痛遭巨创，敝人暨敝同人深致同情。敝不久以前尚与范公在此（伦敦）把晤至感荣幸。乃竟遽尔溘逝，惜悼曷极。卜内门总经理迈高万”。卜内门公司还派该公司在重庆的负责人前往范旭东灵前献花吊唁。

范旭东的去世引发了世人的震惊、哀痛，陶行知、许涤新、毕庆康等名人纷纷撰文悼念。陶行知于1945年10月13日在文章《范旭东先生之死——追思死去的范先生，爱护活着的范先生》中写道：“范旭东先生死了。中国新兴工业之一颗光辉的巨星落下来了。旭东先生是一位最优秀的企业家。他是新兴工业之创造

① 范旭东和卢作孚惺惺相惜是患难之交，1934年卢作孚参观黄海研究社和永利碱厂后，感慨说：“中国的真正人才，范旭东先生要算一个”，卢作孚1937年8月到南京出席国防会议时就住在范旭东家里，范旭东也担任卢作孚创办的民生公司监察。范旭东去世时，卢作孚正在上海，特委托民生公司董事长郑东琴前往吊唁并送挽联。

②《海王》第18年第4期。

的天才。他在千灾万难中百折不回的树起他的伟大的事业。真的民主来到时，假设我也有资格投一票，我会举他为中国工业五个五年计划的总司令。”他还在文章中回忆范旭东曾派人捐款给陶行知学校难童，要开三张收条给他的三位小朋友，三位小孩的名字是“幼幼是幼吾幼以及人之幼，友幼是和小孩子做朋友，幼友是小孩真正把我们当做他们的真朋友”，“基督说小孩在天国中为最大，我们相信这样爱护下一代的范先生在人间也是最大的了”。《新华日报》于10月6日报道了范旭东的去世，后来又发文称：“我们失去了一位可以挽手合作为中国经济建设而奋斗的友人!”

1945年11月13日，22个团体联合发起举办“陪都工业、文化界人士痛悼范旭东先生大会”。工业界、文化界数百位知名人士参加，郭沫若在会上沉痛地说：“范先生的事业，其目的在于使老有所终，幼有所长，建国要靠和平，要靠自己的学问和生产能力，不能靠人家的飞机大炮。范先生虽然死了，每个工业界人士，都要追随范先生先苦后乐，粉身碎骨，百折不回的精神，站在自己的岗位上奋斗下去。”接着发言的章乃器回忆了他在国民参政会上听到的范旭东的一段讲话：“假若中国能进步到英、美一样，我范旭东将是第一个把自己工业完全交给国家的人。”

1946年2月1日，国民政府下令褒奖范旭东：“国民参政会参政员范锐，早岁游学东瀛，精研化学。旋派赴欧及南洋考察，归国后创办大规模之化学工业基础，至今卅年，成绩昭著。抗战以来，四次膺选参政员，拥护国策，尤多贡献。兹闻溘逝，悼惜哀深！应予明令褒扬，用彰忠哲。此令”①。

1947年6月10日，范旭东的灵柩由重庆沙坪坝送往北平安葬，“永久黄”诸位同人前往送行。17日灵柩抵达南京，南京硫酸铵厂数千名职工在码头迎候，码头树起了一座松柏牌楼上书

① 《海王》第19年第2期，1946年10月4日。

“通化存神”四个大字，并在铵厂举行了隆重的致哀仪式。18 日灵柩抵达上海，范旭东女婿陈炳森等人上船送行。7 月 15 日，灵柩到达天津塘沽，天津久大、永利职工及附属小学明星小学师生等两千余人在码头迎接，“在鞭炮如雷的声中，灵柩移到码头了，领导迎柩的两位厂长，趋前虔敬地献上鲜花，大家都屏息静默着，用力地看着灵柩和前面的一幅遗容，有些人在悄悄地拭眼睑下的热泪。汽笛发出哀鸣，夹杂着悠长悲哽的钟声，白河也像在呜咽！灵柩轻轻升起，大家前簇后拥，迈着稳健的步伐，把这位安睡了的伟人，奉迎到久大老厂来”①。

久大盐厂是范旭东化工事业的起点，范旭东灵柩在久大盐厂停灵三日举行公祭，天津各界无数人前来祭奠。悼念大会上挂着范旭东的巨幅照片，两边挂着挽词：“卅载勤劳英明不朽，十厂计划伟业空前”，横批为“仪范犹存”。第四天，范旭东灵柩前往北平，天津又有 200 多人赶来送行。当时“永久黄”一位同人描述道：“这时厂内的汽笛又吼叫了，钟声又悠扬的响了，在悲哀之中，含着勇气和力量的列车渐渐地离开了人群，每个人都目送着灵车，与这位安睡了的伟大导师，作最后的诀别。”②

两千余人执绋队伍行进塘沽街头

① 李玉：《企业先驱：范旭东大传》，中华工商联合出版社，1998 年，第 357 页、
② 籍文琴：《范旭东先生没有死》，《海王》第 19 年第 32 期。

范旭东和胡适合影

范旭东灵柩到达北平后，7月20日胡适发起公祭范旭东大会。胡适与范旭东兄长范源廉关系密切，两家过从甚多，后来范旭东与胡适同在参政会参政议政交情不断加深。范旭东去美国考察时曾去华盛顿看望过时任驻美大使胡适，并在大使馆前两人合影留念。1947年，因久大董事长景韬白年事已高，已为久大公司董事的胡适在久大公司董监联席会议上被一致推举为新任久大董事长。

公祭完毕后，范旭东灵柩被送往北京香山安葬，与母亲、哥哥范源濂相伴同眠，沿途送行者摩肩接踵。范旭东妻子许馥在丈夫墓旁留下了自己的墓位和埋下了塘沽的沙子，因为范旭东生前说过“塘沽的沙滩真美”。那沙子就像是范旭东奋斗的踪迹，虽然人生如白驹过隙可雁过留声人过留印，范旭东虽然去世了，但他奋斗的事业及其精神永远留在世间。

四、尾声

范旭东去世后，还有很多回声或说尾声。

有很多人在悼念、纪念、怀念范旭东，尤其是“永久黄”同人。孙学悟写下文章《追念范兄》，盛赞范旭东“气魄之雄伟，风骨之高亢”①。黄汉瑞、唐汉三、任可毅、李金沂等“永久黄”同人也纷纷撰文纪念。这些文章赞扬了范旭东对“永久黄”的巨

① 孙学悟：《追念范兄》，《海王》第19年第4期，1946年10月20日。

大贡献尤其是其“伟大人格”，表示“同人惟有继承先生之遗志，遵循先生之计划，齐心合德，努力前进”①。

社会各界也有很多人撰文纪念，如与范旭东并称“南吴北范”的中国化学工业学会会长吴承洛赋词一首道：“惊来噩耗，正西风乍起，情怀萧瑟，为问古人何处去？空对云天凄戚！追念从前，初逢异地，一见浑相识，旧游如梦，忍翻遗影剩墨！少小忧国心伤，浩然有志，向往无虚日；遽学深工化四海，永奠始基非易！利薄生民，绸缪卅载，大业垂长策；百年尘世，几人留下功勋！”②

也有文章对范旭东的去世表示怀疑，乃至谴责对民族工业的压制。如北大杨人梗教授指出：“范旭东的死，是当时的政治红人对企业家的麻痹所间接造成的。这种不见血的对工业家之政治扼杀，到今天仍使我们无法缄默，当我们看到今日遍地偏枯贫血的工业状况，就会追念到范先生的苦干精神，对不合理的政治现状不能不表示悲愤”③；经济学家许涤新则感慨道：“范先生的半生坎坷，也就是数十年来中国民族工业的坎坷！中国如果不能独立自主，中国的政治如果不能走上民主的大道，则民族工业是无法发展，甚至无法生存的”④。

不仅企业界，科学界人士也痛惜范旭东之死，“不但是工业界的大损失，也是科学界的大损失”⑤，有人甚至提议为范旭东“请求国葬”⑥。在范旭东逝世一周年之际，《科学》杂志还以较大篇幅刊载了任鸿隽、张洪沅、吴承洛和侯德榜的纪念文章，以表

---

①《我们的成败，关系于中国未来整个工业的兴衰》，《海王》第20年第19期。

② 吴承洛：《大江东支不·悼范旭东先生》，《海王》第19年第2期。

③ 杨人梗：《工业发展与现实政治》，《海王》第20年第1期。

④ 许涤新：《追掉范旭东》，《新华日报》，1945年10月22日。

⑤ 任鸿隽：《科学与工业（为纪念范旭东先生作）》，《科学》第28卷第5期，1946年10月版，第215页。

⑥ 张洪沅：《我所知道的范旭东先生》，《科学》第28卷，第5期，1946年10月版，第217页。

示对范旭东的“衷心哀悼”。在范旭东逝世三周年之际，《海王》代表“永久黄”团体郑重表示：“我们以‘齐心德合，努力前进’来虔诚地纪念我们的导师——范先生！”[①]

范旭东去世后，他的两个女儿范果恒、范果纯因在美求学受阻于战时交通未能及时赶回，后来回国后去医院查了范旭东的病例但也没查出什么[②]。因为范旭东向来大公无私不治家产，他去世后许馥母女三人失去生活保障，幸得永利将公司一部分股权授予许馥。1948 年，永利公司董事会决定，将永利公司的所有资产平均分作 11 份，其中一份的五分之一赠送给许馥作为抚恤金，并按照范旭东生前月薪继续发放每月薪金，范旭东的老友周作民则把金城银行的一栋洋房低价租给范家人居住。

“国民党政府迫于舆论的指责，行政院于一九四六年五月才批准范旭东生前写的呈报，指令财政部和经济部联名向美国进出口银行保证履行永利借款中的一切应承担的义务，但直到一九四八年六月双方才正式签订合同，十一月开始动用这笔借款，到一九四九年一月平津解放，只动用了借款一百四十多万美元，不及合同金额的十分之一，因此这笔借款基本未发挥作用。”[③] 因为范旭东去世后的舆论压力，卢作孚从加拿大帝国银行、多伦多银行、自治领银行借的 1500 万美元贷款也获得了政府担保，因此当时社会有“气死范旭东，好了卢作孚”之说。

范旭东去世后，“悲恸三日，足不出户”的侯德榜被一致推举为“永久黄”总经理，主持了战后工厂接收及复工。当时统计，永利硫酸铵厂、碱厂、川厂各处抗战时期直接损失共计

①《海王》，第 21 年第 3 期。

② 据雷晓宇的《范旭东：被遗忘的“重化工之父”》一文透露，范果恒后来说：“以前一直说我父亲是被气死的，其实根本不是这样，他就是太玩命，积劳成疾，累死的。”长时间的劳累、忧愤，尤其是美国贷款未获政府支持而受到的打击，应该都是范旭东去世的原因。

③ 张高峰：《苦海盐边创业纪实》，《化工先导范旭东》，中国文史出版社，1987 年，第 30、31 页。

47285405.23元[1]，包括建筑物、器具、图书、仪器、医药用品、衣物、粮食等损失，间接损失包括迁移费20000000元、防空设备费680万、疏散费18750000、救济费4000000、抚恤费2000000元、川厂亏损2万万、盈利亏少12万万。[2]

1946年2月22日，天津碱厂复工产碱。永利硫酸铵厂破损严重，经过10个月修理后于1946年8月复工，产量仅战前的三分之一。青岛的永裕盐田、工厂却被作为敌产一度被没收[3]，经过两年据理力争才于1947年6月返回给永裕公司。

1947年5月、7月，刘少奇、朱德先后来塘沽参观碱厂，刘少奇在参观时说："范旭东先生之作风，令人备极仰佩，侯德榜先生亦令人十分敬重"，并派人邀请正在印度帮助设计碱厂的侯德榜回国共商大计。侯德榜在党的感召下回国，受到毛泽东接见，毛泽东对他说："革命是我们的事业，工业建设要看你们的了！希望共同努力建设一个繁荣富强的中国"。几天后，周恩来亲自去看望侯德榜，"还高度赞扬了永利公司前任总经理范旭东先生为开拓和发展祖国的民族工业所建树的丰功伟绩，并对范老先生的逝世深表惋惜和悼念。侯德榜没有想到，毛主席，周总理如此爱惜人才，如此尊重知识分子，他激动得热泪盈眶，久久说不出话来"[4]。

1949年春，"百万雄师过大江"前，毛泽东特意下令攻打南京时切忌炮轰永利硫酸铵厂，"对付永利铔厂守敌，只能诱至野外歼灭、不能强攻。如果毁坏了永利铔厂，就是毁了半个南京

① 据中央党校周天勇教授计算，从1931年"九一八事变"到1945年8月日本投降，日本侵略给中国造成的直接经济损失达1000多亿美元，间接经济损失达5000多亿美元。

② 赵津主编：《"永久黄"团体档案汇编——永利化学工业公司专辑》，天津人民出版社，2010年，第707页。

③ 据1946年7月经济部报告，全国共接收敌伪工厂2411家，其中接收后发还和标卖的只有总数的10%，其余大部分转为官办企业或转移到官僚资本家手中，到1947年这2411家企业只有852家恢复生产。

④ 姜圣阶、谢为杰、徐扬群：《侯德榜》，《化工先导范旭东》，中国文史出版社，1987年，第193页。

城”。“在錏厂地下党组织和护厂队的协助下，解放军在南京解放后的第八天进驻錏厂，錏厂完好地保存下来”①。

南京解放前硫酸铵厂全景

中华人民共和国成立后，侯德榜被任命为中央财经委员会委员、永利化学公司总经理兼副董事长、重工业部化工技术最高顾问。1950 年上半年，在侯德榜、李烛尘带领下，永利向政府提出公私合营，1952 年永利正式公私合营改造成国企，是当时第一个公私合营的大型企业。

1953 年 7 月久大公司永利公司合营，1955 年永利、久大合并改名为永利久大化学工业公司，后更名为天津碱厂，现发展为天津渤化永利化工股份有限公司。永利川厂后改名为四川化工厂，现发展为川化集团有限责任公司，南京硫酸铵厂后改名为南京化学工业公司，现发展为中国石化集团南京化学工业有限公司。天津渤化永利化工股份有限公司、川化集团有限责任公司、南京化学工业有限公司至今都是我国非常重要的化工企业，基本实现了范旭东的化工梦想。他创办的永利南京錏厂厂办学校现发展为南

① 张能远：《永利硫酸錏厂始末》，《化工先导范旭东》，中国文史出版社，1987 年，第 125 页。

京科技职业学院，是国家骨干高职院校。久大自贡模范食盐厂现发展为久大盐业（集团）公司，是中国规模最大、配套最全的井矿盐企业集团。黄海研究社发酵与菌学研究室划归中国科学院，其余研究室划归重工业部综合工业试验所。

原“永久黄”成员也大多成为新中国建设的骨干力量，如后来侯德榜任化学工业部副部长、中国科协副主席，李烛尘任食品工业部、轻工业部部长、全国政协副主席，孙学悟任中国科学院工业化学研究所所长，陈调甫任全国政协委员、中国化学工程学会天津分会理事长，阎幼甫担任中央文史研究馆馆员……“永久黄”成员任总工程师的有十几个，工程师几十个，局长级别的有近十个，周恩来 1949 年在访问永利总办事处时为此感慨道：“永利是个技术篓子”①。1953 年，毛泽东在和黄炎培、李烛尘等人谈话中说道：“有四个人不能忘记。讲重工业，不能忘记张之洞；讲轻工业，不能忘记张謇；讲化学工业，不能忘记范旭东；讲交通运输，不能忘记卢作孚”。

1948 年 10 月，南京硫酸铵厂草坪前树立了一尊范旭东铜像，石壁上刻着“永久黄”四大信念及范旭东生卒年月（“文革”中被毁）。该塑像由著名雕塑家刘开渠按范旭东生前身高和体形制作。

1950 年，永利碱厂在塘沽树立范旭东纪念牌（“文革”中被毁），刻录了李烛尘所写的范旭东毕生奋斗史：“中国办工业已近百年，欲求一具备科学才能，有计划有决心为解决中国基本化学工业问题与广大人民需要，而建设生产事业之人，实不易得。范旭东先生一代哲人，凭智慧信念与毅力，招募股本，设立久大、永利、永裕等工业公司，及黄海化学工业研究社，改良食盐，创

① 陈韶文：《中国化工人才的摇篮》，《化工先导范旭东》，中国文史出版社，1987 年，第 146 页。

制世界秘而不宣之纯碱，并化学工程最精密艰深之硫酸铔。而研究专题尤多，现均刊行问世，盖为民生，为国防，为学术研究，已建立辉煌成绩，功在国家。抗战期间，鉴于工业建设之艰难，两度出国，筹得外资。曾有十大化学工厂之计划，不意竟为当时环境所阻挠。致齐志以殁，中外悼惜，惟范先生虽死，其在中国化学工业上建设之功，自当永垂不朽。先生神明天纵，抱负宏远，平生尽瘁实业，实欲以繁荣经济，改善政治，争取民族之独立。晚岁究心哲理，亦将以统摄科学，使不滞于偏曲，其旨趣所存，固有非世俗所能知者。高山仰止，景行行止，缅怀遗范，永切追依！”

1984 年 10 月 5 日，南京化学工业公司（前南京硫酸铵厂）在庆祝建厂 50 周年时，又树立起范旭东汉白玉半身塑像。1987 年 11 月 24 日，天津碱厂（前永利碱厂）在庆祝建厂 70 周年时，也树立了范旭东铜像。1996 年，化学工业部将这两个塑像处确立为全国化工行业第一批爱国主义教育基地。2003 年 10 月 24 日，由南京艺术学院制作的范旭东又一尊铜像树立在南京市六合区市

范旭东广场塑像

民广场，广场也被更名为“范旭东广场”，广场边就是面积几十平方公里的国家级重点化学工业园。为纪念范旭东，1996 年南京民办旭东中学创建，2006 年转为公办更名为南京市旭东中学，校内有旭东文化广场和一尊范旭东半身塑像。范旭东虽然已去，但对他的传承、纪念永无休止……

2012 年，南京市把南化六村、三村建筑以及“永利铔厂旧址”等处，确定为南京市文物保护单位。2017 年，南京市公布首批工业遗址名录，“永利铔厂旧址”榜上有名。2017 年，在永利硫酸铵厂原址投资 2 个亿兴建 1934 文化产业园，依托工业历史将老厂房改造建设为文化产业园区。

范旭东虽然已逝，但他的回声不断，“永久黄”的历史在不断新生。范旭东如地下有知，当略感欣慰。

第六章　范旭东意义

一、“工业救国”之心

回顾范旭东的一生，让人敬佩、感慨之处有很多。首先是他的拳拳“工业救国”之心，他认为“兴办近世的工业，是今日中国人惟一的活路”①。是他创建了中国的化学工业，他是当之无愧的中国化工先驱，乃至如毛泽东所言是“工业先导”。

久大盐厂是中国第一家精盐工厂，也是当时的盐厂龙头老大。永利碱厂是中国第一家制碱厂，永利硫酸铵厂是中国第一家制酸厂且是当时“远东第一大厂”，永利公司可谓当时化工托拉斯集团。黄海研究社是中国第一个民办科研机构，《海王》杂志是当时第一个企业内刊，永利是中国第一个施行八小时工作制的企业……范旭东创造了太多中国“第一”。

而这都源于他在青年时期确立的“工业救国”之志向。他在留学日本时改原名“范源让”为“范锐”，改原来的字“明俊”为“旭东”，便旨在锐意进取让中国旭日东升。他发现日本强盛和工业发展关系密切，因此开始立志“工业救国”，“盖本洞烛日本处心积虑以谋亡我，至是救国之心志益坚，后以造兵非根本之计，乃决定循工业救国之途，而以化学为出发点”②。

① 范旭东：《自觉》，《海王》第1年第4期，1928年10月20日。

② 李金沂：《范公旭东生平事略》，《范旭东文稿》，天津渤化永利化工股份有限公司，2004年。

回国后，范旭东鉴于中国生产不出精盐，鉴于老百姓吃的是劣质的粗盐、脏盐，而创建久大公司，历经千辛万苦终于生产出中国自己的精盐，让国人“有了吃盐的自由”，摆脱了“食土民族”的耻辱。范旭东对此写道：“年来国内百业凋零，尤已工业为最显著。此虽被迫于大势，非人力所能左右，鄙意设负经营之责者能见机而作，肯为公家牺牲，勉为其难，未尝不可挽救些许。久大今日处境虽艰，然并未停止上进。”① 之后，他又率久大公司在不断的艰辛磨难中发展壮大，且从日本手中收回青岛的盐场，“为中国争了一口气……保护了国家主权”。在久大的引领下，其他精盐公司也纷纷创建，全国精盐总会和全国精盐工厂联合会等组织也成立，《新盐法》得以公布，几千年来施行的引岸制被自由贸易制代替……范旭东及久大对国家精盐工业贡献巨大。

生产出精盐后，范旭东又进军制碱工业，因为碱被称为“近代工业之母”，碱的产量成为判断国力强弱的标准，而当时中国也不能生产自己的纯碱。范旭东对此说：“碱是人民生活中离不开的东西，又是化学工业不可少的原料。我去欧洲考察以后，越发感到若无制碱工业，便谈不到化学工业的发展。我之所以先创办久大精盐厂，正是为下一步变盐为碱，然后再发展中国的制酸工业，孕育强壮的中国化学工业之母。”② 在克服重重困难后，永利历经八年终于制碱成功，中国从此有了制碱工业，且是亚洲第一个利用索尔维制碱法制碱成功的。永利的纯碱还在费城万国博览会上获得金质奖章，被誉为“中国工业进步的象征”。

制碱成功后，范旭东又进军制酸工业，要让制碱、制酸这两个化学工业之翼并肩齐飞。这也是为了“工业救国”，如他在

---

① 范旭东：《致久大精盐公司董事检查函》，《范旭东文稿》，天津渤化永利化工股份有限公司，2004 年，第 135 页。

② 帅俊山、张鸿敏：《范旭东传》，湖北人民出版社，2007 年，第 76 页。

1936年发表的文章《永利硫酸铵厂概况》中所说："我们激于爱护国家基本工业之热忱，不得不再负重责，举办氨气工业。正值国难严重，不暇顾及个人的利害得失，衷心只为复兴祖国，竭尽心力而已！"① 制酸终于成功后，范旭东在庆祝会上激动地说："中国基本化工的另一翅膀又生长出来，从此海阔天空，听凭中国化工翱翔"②。

盐、碱、酸是最基本的三种化工原料，而中国的制精盐、制碱、制酸都由范旭东一手完成，是范旭东创建了中国的化学工业，范旭东是当之无愧的中国化工先驱乃至"中国化工之父"。而化学工业对于整个工业又关系甚大，是最基础的工业之一，也因此可以说范旭东是中国工业先导。范旭东实现了他的"工业报国"夙愿，"中国百姓因为他才走出吃粗盐的历史；中国纺织工业因为他才摆脱印染用碱完全依赖进口的局面；近代中国因为他才打破了英国、德国对中国化肥市场的垄断"③。

对此，范旭东曾说道："永利的事是应当做的，现在的国家，如果自己不能造酸制碱，就算没有办化学工业的资格，没有这个资格，就算不成为国家"。他还说道："我们永久团体，是一个实业集团，其目标简单地说是'发展中国实业'。"④

范旭东还发起创建了中国工业服务社，直接服务中国工业，"帮助中国工业建设。凡未办的工业，如其有人想办，我们鼓励他着手办起来；以办未成的工业，遇着有什么为难，推行不动，我们量力帮助他使他前进"⑤。

全面抗战爆发后，范旭东率"永久黄"员工西迁，筚路蓝缕

① 范旭东：《永利硫酸铵厂概况》，《海王》第8年第30期。
② 范旭东：《人毕竟是人》，《海王》第15年第27期，1943年6月10日。
③ 傅国涌：《范旭东：开辟中国化学工业一书生》，《中华遗产》，2009年第6期。
④ 范旭东：《为征集团体信条请同人发言》，《海王》第6年第19期，1934年3月20日。
⑤ 范旭东：《永利化学工业公司主办中国工业服务社缘起》，《海王》第7年第18期，1935年3月10日。

东山再起，创办了久大自贡模范食盐厂、永利川厂等，再创了中国新的化工基地，并支持侯德榜发明了“侯氏制碱法”，支持黄海研究社取得了远超战前的研究成果……这也都是为了“工业救国”，如范旭东当时所呼吁：“中国需要工业建设，已到‘得之则存不得则亡’的阶段……”① “大时代不容苟安，我等有负起担子的必要，力所能及，不可放松。要争气就靠这个时候，办工业振兴我们的民族”②。

范旭东还提出“十大厂计划”，绘就了战后中国化工蓝图；在《大公报》发表文章《为今后中国工业建设进一言》，认为“全国同胞必得对于近代工业再认识一番，在再认识之下，朝野一致努力，确定今后中国工业的进行路线”③。在美国贷款迟迟未能获批下，范旭东忧愤成疾而英年早逝，临终前对同事道：“若不是为了国家、民族，我才不受他们的挟制、欺压呢！要是为了吃饭、享福，把永利、久大收拾收拾，够我享受几辈子的”④。

“商之大者，为国为民”。范旭东的一生如他自己临终前所言都是“为了国家、民族”，都是为了中国的化学工业，都是为了“工业救国”，都是为了中国旭日东升。其报国之心日月可鉴神州动容，也非常值得今天的我们致敬、学习。

其实除了范旭东，“工业救国”是当时很多人的追求，如李烛尘、侯德榜、傅冰芝等正是因为认同范旭东“工业救国”志向而加入“永久黄”。“其实中国企业史上同样有‘五四’的刻痕。那时在校求学的一些青年比如都锦生、胡厥文等都萌生了‘工业救国’之志”⑤。他们后来也大多成为著名企业家，践行了“工业

① 范旭东：《祝中国科学社等七科学团体联合年会》，《海王》第 8 年第 36 期，1936 年 9 月 10 日。

② 天津碱厂志编修委员会：《天津碱厂志》，天津人民出版社，1992 年，第 483 页。

③ 范旭东：《为今后中国工业建设进一言》，《海王》第 11 年第 4 期，1938 年 8 月 7 日。

④ 张高峰：《苦海盐边创业纪实》，《化工先导范旭东》，中国文史出版社，1987 年，第 30 页。

⑤ 傅国涌：《民国商人》，中国友谊出版公司，2016 年，第 60 页。

救国”。

财经作家吴晓波在《跌荡一百年》中对范旭东等人有一个准确评价：“范旭东毕生致力于中国化工业的振兴，生为此虑，死不瞑目，实在是本部企业史上顶天立地的大丈夫。他以书生意气投身商业，日思夜想，全为报国，数十年间惨淡经营，无中生有，独力催孕出中国的化工产业。在他的周围环绕着侯德榜、陈调甫、李烛尘、孙学悟等诸多科技精英，他们或出身欧美名校，或就职跨国大公司，原本都有优厚舒适的事业生活，全是被范旭东的精诚感动，毅然追随他四海漂泊，在残败苦寒中尝尽百难。后来的30年里，这些人一直是国家化工业的领导者。‘商之大者，为国为民’，说的正是范旭东这样的人。”①

二、创业精神

“工业救国”是范旭东一生志向，他为了这个志向不断创业，范旭东的一生也是创业的一生。而在当时的中国创业非常艰难，因为中国环境的复杂，因为工商业在当时不被重视，如范旭东临终前所感叹“中国事难做”，范旭东的创业可谓历经磨难，创业史可谓千古罕见，甚至可能是前无古人后无来者。但范旭东创业不息，“为了事业，虽粉骨碎身，我亦要硬干出来”。

中华人民共和国成立后，毛泽东在回顾我国工业发展历程时说到“讲重工业，不能忘张之洞；讲轻工业，不能忘张謇；讲化学工业，不能忘范旭东；讲交通运输，不能忘卢作孚。”这四个人的事业对我们国家都非常重要，但其中范旭东的创业可能最为艰难，因为化学工业在中国之前完全没有基础、传统。而且，范旭东专心于创业，注重企业独立发展，企业发展得至今都很成功，因此凤凰网范旭东专题称：“范旭东作为中国近代最重要的

① 吴晓波：《跌荡一百年》，中信出版社，2014年，第90页。

化工企业的创办人和成功的经营者，堪称榜上现代企业家行列中第一人”①。

在兴办久大盐厂时，范旭东要“像收电灯费似的”去收取股东股金，要和旧盐商、洋盐商、军阀、官僚等不断斗争，甚至还直接被军阀绑架敲诈过。范旭东“不抛弃不放弃”，唯有“忍耐和含默，认定目标，拼命前进”。而且，当时条件非常艰苦，范旭东经常在既当办公桌、试验台又当睡铺的桌子上工作到深夜，“爱护事业不徇感情”。

创建永利碱厂更为艰难，索尔维制碱法技术保密只能自行试验探索，没有机器设备只能自行设计，没有资金只能找久大借支或四处贷款。制碱过程中更是不断发生各种事故，好不容易生产出的碱竟然是红黑相间，股东们纷纷“打退堂鼓”，但范旭东坚持想方设法解决各种问题。历时八年，历经三次濒临倒闭，永利终于制碱成功，可还要对外与制碱巨头卜内门公司等对手激烈厮杀，对内应付职工纠纷，以及面临日寇的步步侵略。范旭东“主持大计，决定方针，苦撑危局……几经失败，气不稍馁，卒能克服经济上、技术上、环境上种种困难，以底于成。”②

范旭东创业永不停息，在创办盐厂、碱厂后，他又创办了黄海研究社、《海王》杂志、中国工业服务社等，并创办了“远东第一大厂”硫酸铵厂。这个硫酸铵厂所需资金达上千万，范旭东为筹集这些资金耗尽心血，还要指导硫酸铵厂选址、设计、购买设备等，又历时三年多。

硫酸铵厂终于制酸成功后，“永久黄”的事业正蒸蒸日上，可不久“全面抗战”爆发，“永久黄”在东南沿海的产业几乎全部沦入日寇之手。范旭东内心该有怎样的悲痛，可他依然没有放

① https：//news. ifeng. com/history/zhongguojindaishi/special/fanxudong/
② 李金沂：《范公旭东生平事略》，《海王》第18年第17—19期，1946年。

弃，率“永久黄”员工西迁后再创了中国又一个化工基地。在再创化工基地时，要面临经费、设备、原料等种种问题，“样样都要从头做起，没有原料要自己打井取盐，没有煤炭要自己开矿取煤，真是条条都得自己办”[①]。尤其是设备运输最终中断，但范旭东依然尽力做事，利用其他方法制碱，创办了其他一些工厂，还雄心勃勃地提出了战后“十大厂计划”。

侯德榜在范旭东公祭大会上对范旭东的创业曾评价道：“先生应时事需求，于无所取法之中，能独出心裁。创立巨大事业，期创造能力超人之处有如此者。”[②] 侯德榜还评价范旭东，在创业过程中，范旭东从来都是以身作则艰苦奋斗，“均以苦干精神，以身作则，为同人倡导”[③]。如范旭东每天凌晨五六点就起床工作，所有重要文件均出自本人之手，且常常与员工同患难共生死。“公一生为中国化工事业奋斗，从不松懈，逝世前二日，犹函电各部门指示复兴方针。”[④] 李烛尘也回忆说：“范先生筚路蓝缕，摩顶放踵以赴，历经崎岖，期间万种艰辛，实难尽述。最苦时甚至债不能偿，薪不能发。本人当时亦曾劝范先生将永利暂予搁置，范先生终不肯中道而废，谓天下决无不可成之事，以最大毅力继续奋斗，卒抵于成。”[⑤]

在范旭东的表率下，侯德榜等“永久黄”职工也是艰苦奋斗埋头苦干，有职工回忆道：“总工程师侯德榜责任心强，常于夜深一两点钟，由新村家中来厂，出现在我们面前，查阅值班报告，询问情况，所以我们上班，也都人人负责，以全部精力做好

---

① 章执中：《爱国实业家范旭东》，《化工先导范旭东》，中国文史出版社，1987 年，第 43 页。

② 侯德榜：《追悼范旭东先生》，《化工先导范旭东》，中国文史出版社，1987 年，第 178 页。

③ 侯德榜：《追悼范旭东先生》，《化工先导范旭东》，中国文史出版社，1987 年，第 179 页。

④ 李金沂：《范公旭乐生平事略》，《海王》第 18 年 17—19 期，1946 年 3 月 20 日。

⑤《李烛尘先生在氩厂对同人演说》，《海王》第 21 年第 5 期，1948 年 10 月 30 日。

本班工作"[1]。

如范旭东所言"创业难，带有革命性的创业尤难"[2]，在三十多年的创业历程中，范旭东历经不亚于唐僧西天取经般的"九九八十一难"，创办了很多伟业，创建了中国的化学工业。其创业成果弥足珍贵，其坚忍不拔艰苦奋斗的创业精神更为珍贵，也非常值得我们今天各行各业的人学习。正是因为有这样的创业精神，范旭东才会不断创业成功；如果有这样的创业精神，我们何事何业不成呢？

三、企业文化

当然，"永久黄"的创业不仅是范旭东自己的创业，也是"永久黄"全体员工的创业。而"永久黄"之所以不断创业成功，除了范旭东的领导之功外，最重要的可能要归功于其企业文化。这个企业文化就是"永久黄"的四大信条：一、我们在原则上绝对相信科学；二、我们在事业上积极发展实业；三、我们在行动上宁愿牺牲个人，顾全团体；四、我们在精神上能以为社会服务为最大光荣。

"我们在原则上绝对相信科学"，这是范旭东及"永久黄"的一贯宗旨。范旭东向来重视科学的作用，认为工业的基础是科学，"中国今日若不注重科学，中国工业有何希望"[3]。所以，他创建了中国第一个民办科研机构黄海研究社和海洋化工研究室，1927 年为纪念哥哥范源濂还在北京发起创办了静生生物研究

① 郭炳瑜：《永利碱厂五十年见闻》，《化工先导范旭东》，中国文史出版社，1987 年，第 88 页。

② 李祉川、陈韶文：《祖国·事业·科学·人才》，《化工先导范旭东》，中国文史出版社，1987 年，第 5 页。

③ 李祉川、陈韶文：《祖国·事业·科学·人才》，《化工先导范旭东》，中国文史出版社，1987 年，第 9 页。

所[①]，为我国生物科学发展做出不少贡献。[②]

经济上再困难，范旭东也坚决支持黄海研究社的科学研究工作，多次表示“我们经济困难，就是当裤子，黄海和海王是一定要坚持的”[③]。在总结黄海研究社20年工作时，范旭东说：“常常听到冷言批评，说某社某人不顾民生疾苦，这个时候还在实验室里搞洋八股。这种论调实在是错的，他们硬把学理和应有分作两起，要先应用而后学理。凡是研究学理的就被误认为纸上谈兵，不切实用”。

1943年，范旭东还发起创建了新塘沽学社，其宗旨是“研究学术，交换知识，增加友谊”。范旭东在学社成立会上讲道：“目前我们是在严重的战时生活中，一切都变了常态。进德修业既不能做饭吃，又不能当衣穿，世俗都觉得可以暂时不谈，要紧的赶快解决现实的需求。这固然不错，的确是人情之常，其实，惟其如此迫切，惟其用得着警惕，惟其要冷静，可能的极力避开现实，求问题的根本解决。”[④]

范旭东除了极为重视“永久黄”的科学事业外，还对中国科学、教育事业非常支持。他曾义务担任中央研究院评议员、南开大学校董、隐储女校校董、中华化学工业会副会长、中华化学会理事长、中国化学会会长、中国自然科学社理事、中华书局董事等职务，在自身经费极其困难时还对这些团体予以尽可能地资助。他捐助了南开大学生物理化实验仪器，赞助了南开大学化学系、经济学院和重庆大学等高校的办学设备经费，重庆大学校长

① 范旭东将哥哥范源濂在北京的住所捐献给该研究所，还在北京西郊设种植园，培育我国各种树木、花卉，聘请胡先骕主持，胡先骕后来成为著名植物学家。

② 范源濂字静生，三任教育总长，后曾任北京师范大学校长、中华教育文化基金委员会董事长、南开大学董事会会长、北京图书馆代理馆长等职，于1927年12月23日去世。他对我国教育贡献很大，曾说：“国运如此，如能人人以振兴中华为己任，勇往直前，只要一息尚存，矢志不移，中国必有复兴之日，凡我同志勉乎哉！”

③ 黄汉瑞：《回忆孙学悟先生》，《红三角的辉煌》，新华社天津分社，1997，第106—117页。

④ 范旭东：《人毕竟是人》，《海王》第15年第27期，1943年6月10日。

张洪沅对此感慨地说："当时永利经济处境极端困难，且在借贷中维持，但仍不忘扶助科学教育事业的发展，实觉其信仰科学之坚，眼光之远大，好义之风，非一般人所可比拟"。

范旭东还发表文章《为促进学术文化进一言》，提出科学研究的重要性和原则，"希望加紧充实和改进现成的中央研究院，叫它做中心，提起它的精神，矫正它的做法"①，并就中央研究院工作具体提出了六个方面的建议。

当时工商界习惯称硫酸铵为硫酸铔，而化学界认为应该称之为硫酸铵，双方僵持不下。1945 年范旭东在文章《何谓重工业》中写道："今后永久组织中不称硫酸铔厂，而称硫酸铵厂，其商品中将无硫酸铔而只有硫酸铵"，于是一锤定音从此再无"硫酸铔"。"可见范旭东对于科学事业，无论巨细，只要符合科学道理，有益于科学事业的发展，他总是绝对相信，坚决服从的。"②

"永久黄"其他同人也都"确信要复兴中国，首先必要争取科学这套新武器，重建中国的百工技艺于科学基础之上，才能救贫，才能医弱"③。"永久黄"成员工作中非常注重科学试验，侯德榜等对技术标准要求非常高，"黄海研究社"也备受重视。南京硫酸铵厂奠基时，江边的桩死活打不下去，有人说有妖神作怪，还有人说要烧香祭天才行。后来，永利公司便把"永久黄"的四大信条写成条幅，请"东圣"孙学悟、"西圣"傅冰芝对天宣读，然后到江边烧了。"这四条深得人心，也必为老天所赞同。我们以四大信条祭天是假，以此传达公司精神是真。"④

"我们在事业上积极发展实业"，这是范旭东及"永久黄"一

① 心平：《为促进学术文化进一言》，《海王》第 12 年第 26、27 期，1940 年 6 月 10 日。

② 李祉川、陈韶文：《祖国·事业·科学·人才》，《化工先导范旭东》，中国文史出版社，1987 年，第 11 页。

③"永久黄"办事处：《我们初到华西》，《化工先导范旭东》，中国文史出版社，1987 年，第 214、215 页。

④ 张能远：《血路烽烟范旭东》，团结出版社，2014 年，第 385、386 页。

贯方向。范旭东首先是实业家、企业家，率领“永久黄”创办了久大盐厂、永利碱厂、永利硫酸铵厂、永利川厂等很多实业、企业，拒绝了蒋介石两次请他当部长的聘请，在《大公报》发表十多篇文章呼吁振兴中国实业。“实干兴邦，空谈误国”，范旭东及“永久黄”成员从来都是以“实业报国”“工业报国”。

“我们在行动上宁愿牺牲个人，顾全团体”，这是范旭东及“永久黄”一贯原则。范旭东自己不治私产，将自己应得薪金捐献给黄海研究社，“遇事则归功于人，过归于己”，最后为了获批美国贷款复兴中国化工事业而病倒牺牲；侯德榜也是如此，他将自己为巴西、印度设计碱厂所得酬金[①]也大多数捐给了黄海研究社；“永久黄”很多其他员工也是如此，在永利碱厂同卜内门公司竞争、“永久黄”西迁四川等时自愿减薪，久大、永利股东甚至很少分股息。

“我们在精神上能以为社会服务为最大光荣”，这是范旭东及“永久黄”一贯使命，范旭东说：“而独在今日的中国办工业，只能以民族国家的利益为前提，个人的利益，似乎还谈不到，即令要谈，也应该放在次而又次的地位。因为不如此，便办不通，而且也不是目前中国的需要，所谓‘以能服务社会为最大光荣’，就在这点”[②]。范旭东及“永久黄”在发展自身事业的同时，向来注重为社会服务。如久大盐厂带动了中国精盐行业的发展，推动了精盐的特许专营、运销交税办法、新盐法等改革；永利自贡模范食盐厂更是带动了当地盐业改革，抗战胜利后还交给地方；黄海研究社、中国工业服务社也为社会服务做出很多贡献。李烛尘也说过：“本团体素以服务社会为信条，吾人应使本团体一切事业皆社会化，换言之，即事业为大众谋福利，为大众所

① 永利从印度所得报酬包括出售图纸和指导技术所获酬金共近 20 万美元。
② 范旭东：《发展工业之最低限度的努力》，《海王》第 7 年第 12 期，1935 年 1 月 10 日。

共有……”①

这四大信条是“永久黄”的企业文化、企业精神，对“永久黄”的发展起到了精神支柱、发展动力等重要作用，让“永久黄”在一个又一个困境中不但没有倒下反而不断前进。而这四大信条又是范旭东倡导并身体力行的，范旭东在无意中超前地、创新地发挥了企业文化的功能，这也是他的一大贡献和今天值得学习之处。②

除了注重企业精神外，久大、永利也重视制度建设。永利还在建厂时，就聘请余啸秋为永利制定了一套科学的企业会计制度。1929 年，天津社会局在对天津市的所有工厂调查后认为，永利“工厂管理方法最合现代工业精神，实为本市林林总总工厂中不可多观者”③。1933 年“永久黄”“总经理处就着手把创立以来的组织和历年发布的规则，参酌旧来的习惯以及国内各项工业的成规，编成了《永利化学工业公司业务管理章程》，并且把公司职员信条都用文字列举出来，做事业进行的基本。全公司自总经理以至雇员，都应受这信条的支配和章程的管理”④。该章程共分 11 章，包括总则、职制及办事权限、职员之任用及辞退、薪金、告假、奖励与惩罚、酬劳金、抚恤金、退职金、退休期及退休养老金、解职及解职金等，总计 106 条。

“永利化学工业公司建立之初，即具有现代企业的管理雏形。公司股份制的结构，有着明晰的产权界定。股东会为企业的最高权力机构，董事会为企业日常经营的决策机构，总经理在董事会领导下执行董事会决议，负责生产运行管理。监事会负责监督股

①《李烛尘先生在氩厂对同人演说》，《海王》第 21 年第 5 期，1948 年 10 月 30 日。

② 这“四大信条”现在依旧是南化公司的企业信条，是南化公司企业文化的重要组成部分。

③ 鲁荡平主编：《天津工商业》，天津特别市社会局，第 15 页。

④《范先生对于永利化学工业公司励行新组织之重要谈话》，《海王》第 7 年第 10 期，1934 年 12 月 20 日。

东大会和董事会决议的执行。各项章程规范齐全，最值得一提的是公司决策、权力、执行、监督等职能运行规范、井然有序。即使在日寇侵略、战火连天，多次转移的艰难岁月中公司仍然不改初衷、不坏规矩、依规运作。”①

范旭东视“四大信条”和公司章程规定为永利事业的“宪法”，开玩笑说：“这个恐怕是我对于永利最末尾的服务”，“我的意思，并不是说公司有了这部章程，我立刻辞职走开，也不是立刻就要升天去了，不过觉得公司有这一部章程，如果大家把公司信条放在心上，行动都不出章程所订的范围，那么事业自然日有进益，实在就没有我的必要了，所以说是最末尾的服务”②。企业文化、制度建设正是“永久黄”永久胜利的主要保障，也是我们今天非常需要注重的。

四、重视人才

范旭东及“永久黄”不断创业成功还有一个很重要的原因，即对人才的重视。范旭东深知：“事业的真正基础是人才”。

在久大初创时期，范旭东就注重团结、利用人才，久大精盐公司发起人、股东中有梁启超、黎元洪、蔡锷等众多名流，也因此帮助久大克服一个又一个险阻。在范旭东的感召和求贤若渴下，他的留日同学李烛尘、傅冰芝、唐汉三及孙学悟、阎幼甫等留学欧美的各路英才纷纷加盟久大，后来都成为“永久黄”的核心成员，如李烛尘后来担任永利副总经理、傅冰芝担任永利硫酸铵厂厂长、唐汉三担任久大大浦分厂厂长、孙学悟担任黄海研究社社长、阎幼甫担任“永久黄”办事处主任。

在永利创建时，范旭东更为注重技术人才，认为“至于人才

① 叶建华：《“大厂”传奇，功在中华》，《化工管理》，2017年第4期。

②《范先生对于永利化学工业公司励行新组织之重要谈话》，《海王》第7年第10期，1934年12月20日。

问题，实为事业成败的关键所系。本公司向取人才主义，一扫国人援引请托之旧习”[①]。其发起人中除了名流还有三分之一多的技术人员，如范旭东破格免除了留学英国的技术人员王季同股金让他名列发起人之中。后来，范旭东又对陈调甫推心置腹委以重任，派陈调甫赴美考察时特意委托他在美国物色优秀人才，从而谋得了范旭东后来最得力的助手、传承人侯德榜，还物色到余啸秋、刘树杞、吴承洛等高级技术人员。

范旭东还让陈调甫去各种高等学校招聘优秀毕业生，又招揽了一大批技术人才，并破例让他们担任车间主任，陈调甫对此说：“这支队伍是在最前线冲锋陷阵的猛将，亦是永利基础的基础，对于碱业贡献极大”[②]。其中，当时永利与天津北洋大学等高校达成协议，凡该校化学系毕业生前三名均由永利聘用。

另外，范旭东还注重培养自己的技术力量，创办为时三年半工半读的艺徒班，“其中不少人后来都成为工程师，优秀者升为总工程师的也不乏其人”[③]，并且即使经费再困难也创造条件支持员工到国外进修，又培养了一大批技术人才。仅 1935 年到 1948 年赴国外进修或工作的永利技术人员就有 30 多人，而且出国人员基本上都回到了永利。

在选人方面，范旭东唯才是举；在用人方面，范旭东及“永久黄”也量才使用、尊重人才，“最注意到维持培养同人的人情友谊”[④]。“永久黄”招聘录用人员实际上极为严格，永利硫酸铵厂车间操作工都是高中生，技术人才刚开始工作有半年的“实习期”，先在化学实验室做分析再到车间实习，半年以后认为合格

---

①《公司合营永利久大化学工业公司历史档案》，永利档案卷顺序号 10.

② 陈调甫：《永利碱厂奋斗回忆录》，《化工先导范旭东》，中国文史出版社，1987 年，第 11 页。

③ 陈韶文：《中国化工人才的摇篮》，《化工先导范旭东》，中国文史出版社，1987 年，第 137 页。

④ 黄汉瑞：《回忆范先生》，《海王》第 18 年第 21 期，1946 年 4 月 10 日。

才正式任用。“永利不管是行政部门，还是技术部门，基本上都是选用在这一部门中技术上最精通的、有组织能力的人担任，这样既发挥了人才的作用，又可精简人员。如永利南京硫酸铵厂的财务科，只有科长、会计、出纳三个人负责全部财务。”①

永利对员工工作要求非常严格，要求技术人员要广、深结合，做研究必须严格按照流程，做试验要重复好多次，如在40年代制碱实验中侯德榜要求同一试验要做30遍。同时，永利对员工工作又极其信任。如永利制碱失败时，有些股东责难侯德榜，而范旭东则对侯德榜极为信任、支持，让侯德榜从此“一意从事死拼，以谋技术问题之解决”。侯德榜对技术人员也极其信任，遇到问题总是一起想办法解决，只抓工作“不抓小辫子”。

在生活方面，永利对员工尤其是技术人员非常照顾，薪金、住房、福利待遇在全国都是一流，尤其是永利还专门为技术人员打扫房间、提供送煤等上门服务，让他们没有后顾之忧全身心工作。在抗战八年中，永利再艰难也没有辞掉三百多技术人员中的一个，采取“全部养起来”的政策，“宁可放弃物质财富，也要保存所有科研技术人才”。范旭东常和人说：“抗战乃暂时局面，将来复兴，正需建设人才”，甚至为此卖掉极为重要的日产水泥五百桶的全套设备来补发工资，这在全国甚至世界史中也极为罕见。

范旭东更是以身作则，对人才极为尊重。如侯德榜30年代初在天津北洋大学兼职上课，范旭东不但不责怪，还下令“凡侯去天津讲课一定用专车接送，以节省他珍贵的时间”，后来还将南京硫酸铵厂试验大楼命名为“致本楼”（“致本”是侯德榜的名字），将侯德榜为首的技术人员发明的制碱法命名为“侯氏制碱

① 陈韶文：《中国化工人才的摇篮》，《化工先导范旭东》，中国文史出版社，1987年，第138页。

法”。范旭东等负责人当时月薪才360元，但聘请章执中、何熙曾等技术人才时竟给出了500元月薪；为了邀请任可毅加盟，特在原有两名秘书之上增设秘书长以诚相待。在抗战期间，范旭东听闻永利员工刘嘉树为了减轻家庭负担要送父亲回老家，便让财务科送支票给刘嘉树让他把父亲留下……

而对于不合格的员工，范旭东也绝不留情，哪怕是自己亲戚。范旭东夫人许馥侄子许杏村大学毕业后在永利碱厂当会计，但他吃喝嫖赌甚至利用公款做买卖。范旭东听闻查实后非常愤怒，免去他的会计职务，让他到汉口经理处任经理。在许杏村到汉口的路上，他又接到范旭东的电报让他自谋生路。事后，范旭东说：“我与许馥是患难夫妻，许馥与许杏村感情甚浓，况且，许家对我办事业帮助巨大，没有办法，只能这样做。”①

正是因为范旭东及“永久黄”对人才的极为重视、尊重，使得“永久黄”员工在抗战那样艰苦条件下也极少离职毫无怨言，尤其是侯德榜、李烛尘、孙学悟、傅冰芝等“核心成员”几乎都没有离职②且都对范旭东甚为敬佩、感激，如李烛尘表示：“我们都愿跟随范先生”，侯德榜在范旭东追悼会上率“永久黄”同人痛哭流涕誓言：“继承范先生遗志，遵范先生之计划进行”。也正是因为对人才的极为重视、尊重，范旭东及“永久黄”事业才能不断创业成功，也使得“永久黄”成为“技术篓子”，为中国化工事业培养了大批人才，包括为新中国化工事业培养了大批骨干。

“据资料记载，仅永利硫酸铵厂技术人员之具有大学毕业程度者就有80余人，其中曾留学国外的有高级工程学位者20多人，

① 张同义：《范旭东传》，湖南人民出版社，1987年，第78页。

② “永久黄”核心成员只有陈调甫有其他副业，他于1929年自办永明油漆厂成为“油漆大王”，但陈调甫一直对永利富有感情，后来还担任永利视察长、董事等职，参与了永利硫酸铵厂选址、基建、安装等很多工作。

有博士学位者 10 人。这不仅在国内工厂少见，就是与国内当时任何一个大学的化工系相比也略胜一筹。”①

五、注重私德

“工业救国”、不断创业、重视企业文化和尊重人才，这是范旭东之所以能创建中国化学工业的主要原因，也是他的公德。而范旭东的私德也非常值得我们了解、敬重，侯德榜在范旭东追悼大会上就对范旭东的私德有高度评价：“范先生之私德可与事业媲美”。②

如侯德榜所言：“范先生待人以恕，处己以谦。身居总经理之职，无论老幼，称人曰兄，自称曰弟，同人家庭有困难者，先生闻之必为解决。其熏陶同人之法，则邀其人外出散步，籍以详谈情形，交换意见，用讨论方式，达其训诲目的。遇事则功归于人，归过于己……”③

在生活中，范旭东曾多年禁烟，除了爱喝老母鸡汤、牛奶和出门喷一点香水、空闲种种花木外没有其他嗜好，不到特别时刻也不喝酒，赌博嫖娼等恶习更是没有，也不喜欢应酬，认为“饮食本为维持生命，时下以此作为应酬，豪饮饕餮，觥筹交错，烟雾缭绕，不计时间，简直在浪费生命，小弟绝不干”。他甚至都忘记了自己六十岁生日，吃得比平时还清淡，而他平时很少在外面吃饭，经常自带饼干、花生充饥。他的最好衣服是在南京硫酸铵厂生产出肥田粉时一时高兴所买，1940 年赴美时穿的礼服还是 1912 年去欧洲考察盐政时的衣服所翻改。

---

① 陈韶文、李祉川：《中国化学工业的先驱：范旭东、侯德榜传》，南开大学出版社，2021 年，第 269 页。

② 侯德榜：《追悼范旭东先生》，《化工先导范旭东》，中国文史出版社，1987 年，第 180 页。

③ 侯德榜：《追悼范旭东先生》，《化工先导范旭东》，中国文史出版社，1987 年，第 180 页。

范旭东和夫人许馥一生恩爱相敬如宾，将夫人视为自己人生航程中的宁静港湾，许馥放弃了自己的事业，一心只做范旭东的“贤内助”。在外面遇到困难，范旭东向来从容镇定，但回到家里“就掩饰不住一切，急不可耐地诉说自己的苦恼和怨恨，诉说自己的软弱和错误。所以范旭东晚年曾向友人说过：‘事业成功，有夫人一半功劳’”[①]。因为他们只有两个女儿没有儿子，所以有很多人劝他再娶或纳妾生个儿子，而范旭东一直不为所动。乃至当时社会上有种说法，做某个事情如果很难，那就像劝范旭东娶小老婆一样难。

在创办久大、永利时，范旭东曾为自己规定了三个处世原则：一、不利用公司的钱财来谋个人利益；二、不利用公司的地位来图私人利益；三、不利用公司的时间来办私人事务。[②] 范旭东一生不治私产，只在天津有一所破旧房子，在其他地方住的都是一般家庭租赁的房屋；他没买汽车，出门一般步行，常道：“人生两条腿，不走还行”；他几乎不领总经理薪水[③]，将所得酬金几乎全部捐献给黄海研究社及其他需要的人。抗战时期，范旭东的收入经常不够养家，甚至要靠变卖妻子的陪嫁首饰帮补家计，为节省开支家里日常食用的大米都是从老家湖南乡下运来。他去世后也没有遗产，两个女儿在美国的学费及许馥生活费靠永利所发股金维持。

在久大第一次股东大会上，范旭东曾提出“公私行为务求明朗公正”，范旭东一生也做到了公私分明。他每次出差，夫人许馥总是将钱一包包分好注明用途，私事决不动用公款。1939 年，他经成都回重庆，国民政府要人张群也正好有事要去重庆，便邀请他乘机同行。范旭东下飞机后，立即派人捐了 105 元航空票钱

① 张同义：《范旭东传》，湖南人民出版社，1987 年，第 77 页。
② 张同义：《范旭东传》，湖南人民出版社，1987 年，第 75 页。
③ 范旭东之前每月只拿 50 元生活费，去世前不久才拿每月 400 元薪金。

用作赈灾，他对此说道："我们不要政府有苛捐杂税，难道我们应该对公家揩油占便宜吗？"[①] 他不让家里随便给公司打电话，他家里的书房、实验室及公司的网球场都不让孩子进。有一次，女儿范果恒想去网球场打网球，范旭东则跟她说："不行，这是给员工预备的，你没有这个特权。"不过，范旭东对女儿也很开明，他两个女儿学的都不是化工专业，但范旭东从来都没有反对过。

范旭东创业也绝不是为了私利，他曾致公司同人道："我个人虽不肖，尚微有澄清世俗之志，名利于我，绝无因缘。二十六年二月四日锤厂成功，慨然有感，痛饮狂欢。当时计划，决即准备一切，将全局移交同人中能负责者，个人从旁协助，一俟全局稍定，决即率妻子，隐姓埋名和永利及经手各机关告别，复我自由……请同人转告所属，同人无论员工，分厘气力只是直接为永利，间接转给全民，我个人同在苦斗，不过一分子而已，万万不可再存世俗之见，以为是为范某成名"[②]。

当时，美国有位杂志社记者闯进范旭东住的旅馆房间，想将范旭东列入他们杂志社出版的《名人录》，因为范旭东衣着简朴没有认出他就是范旭东。范旭东则回道："不巧得很，范某刚出去，你们若找他，请改日再来"。《大公报》著名记者徐盈也曾想为他写传记，但范旭东不客气地对他说："我想想还是请你不要写一个字为好"。可见，范旭东不慕名利。

而且，范旭东除了有创业、经营才能外，也很有趣很有文采，他发表了不少文情并茂的散文，其中有些内容很灵动很有意思，如他发表的文章《问穷究》中写道："学以致用，是句老话。记得科举时代的八卦先生，动辄把'致用'当做'做官'解释，真高明！后生小子，只有闭着鸟嘴少说……爸爸一锹头一锹头的

① 黄汉瑞：《回忆范先生》，《海王》第18年第20期，1946年3月30日。

② 范旭东：《致部长会议函》，《范旭东文稿》，天津渤化永利化工股份有限公司，2004年，第135页。

从田里锹出来的血汗钱，少爷们拿来做这样科学救国的工作，好孝子！好国民！我的鸟嘴真有点闭不住……”[①] 他还发表了一些古体诗、赋等，如在《望夫人不来赋》中写道：“花事阑珊，春光萎靡。好景不常，流年如驶。值佳节之清和，萦遐思于表里。望逝水之回澜，登高山而仰止。一湾溪水，乘逸兴以遄飞。半榻清茶，叹人生之何似。方幸夫人无恙，何故停骖。倘教之子于归，相迎倒履。谁曰知其当然，真个莫名所以……”[②]

当然，“人无完人”，范旭东也不是“完人”。他脾气不好，宋子文就曾对余啸秋等人评价过他：“范某是个好人，惜脾气坏一点”[③]；他特立独行我行我素，据他女儿范果恒回忆，来家的客人如果抽烟的话，他就径自拉开窗帘，不管客人的感受；他也比较“专制”，乃至有人暗地里骂他“希特勒”，搞家长式独裁；他也妥协过，如打算和英国卜内门公司合资经营……

但无论如何，范旭东总体上私德高尚，这种私德也是侯德榜等“永久黄”同人敬佩、追随范旭东的重要原因，也是美国愿意借巨款给永利的重要原因，如侯德榜所说：“先生事业之伟大，个人道德之高崇，中国之社会，一般人民或有不知之者，唯国际间尤其是英美两国人士咸景仰先生之事业，先生之道德”。这也是很多股东愿意投资久大、永利的原因，当久大创建时，有些素不相识的人前来入股，他们对范旭东说：“我看见你出入不坐汽车，步行时居多，同别的公司经理不一样，所以我们拿辛苦积来的一些钱来投资入股，你办的事业一定会发达的”。当然，这也是我们今天每个人需要学习的，修身为立业之本。

① 问天：《闲穷究》，《海王》第 11 年第 1 期至第 12 年第 7 期，1938 年 7 月 7 日至 1939 年 11 月 20 日。

② 拙：《望夫人不来赋》，《海王》第 6 年第 30 期，1934 年 7 月 10 日。

③ 胡讯雷：《中国工业巨子——范旭东》，中国青年出版社，1991 年，第 306 页。

六、结语

范旭东当然首先是个企业家，是中国真正意义上的第一批现代企业家之一，甚至可以说范旭东是中国第一个真正的现代企业家，因为他以创办、经营企业为一生任务，他的企业无论是技术、管理、设备都是现代的，他的创业非常艰难但总体也都非常成功。因此，范旭东首先是一个值得我们尊敬、学习的企业家，尤其是他的“工业报国”理想和艰苦奋斗坚忍不拔的创业精神以及注重企业文化、人才、私德的经营之道。

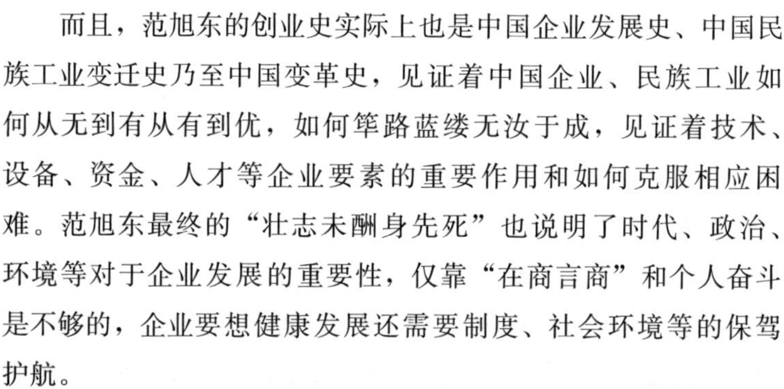

而且，范旭东的创业史实际上也是中国企业发展史、中国民族工业变迁史乃至中国变革史，见证着中国企业、民族工业如何从无到有从有到优，如何筚路蓝缕无汝于成，见证着技术、设备、资金、人才等企业要素的重要作用和如何克服相应困难。范旭东最终的“壮志未酬身先死”也说明了时代、政治、环境等对于企业发展的重要性，仅靠“在商言商”和个人奋斗是不够的，企业要想健康发展还需要制度、社会环境等的保驾护航。

企业家之外，范旭东本质上是个“书生”，他也始终认为自己是个“书生”，认为自己的“书生之念”比“发财之念”浓厚得多，认为自己不过是带着一帮书生报国而已，认为知识分子在中国作用重要。他曾说过：“我总觉得中国受病已久，它的存亡关键，决不在敌国外患的有无，完全是握在全国智识分子手里，智识分子教它兴就兴，教它亡就亡”，并常说：“艰苦尝试，我辈书生，负在肩头”。

范旭东也始终保持了书生本色，如他在 1936 年所说：“我辈书生，在社会上没有凭籍，所侍的仅仅是一股热忱和粗浅的薄技，以孤臣孽子的心情，应付创业过程中一切一切的遭遇……最高兴的是这十八九年来，我们内部的创业精神没有涣散，同事各个都保持着书生本色，淡泊自甘，心神都很安泰”①。“书生”，“报国书生”，一个历经千辛万苦坚忍不拔的“报国书生”，当是对范旭东最准确的评价。不同于一般“书生”的是，范旭东走出书斋以实际行动经世济民“实业报国”，这是知识分子服务社会和实现自我的另一条道路。如何处理好“书生之见”和“发财之念”，如何处理好个人理想和社会责任，范旭东的人生对我们今天知识分子也有着重要的启示意义。

“范旭东不仅从思想上，而且从行为方式上突破了儒家的成圣成贤、出仕做官的传统，也打破了轻视体力劳动、轻视科学实验的传统。这在当时的少数先进人物中也是少数。尽管如此，范旭东之从事实业，努力使国家成为一个近代国家，他仍认为是‘书生之见’，而不是‘发财之念’，也就是保持着传统儒生对国家、社会的责任感和使命感，在伦理上传承了儒家的传统。”②

当然，范旭东也是“凡人”，他也有缺点，也有妥协。范旭东作为“凡人”为何成就非凡的事业，对我们每个“凡人”也有着重要的参考价值。尤其是他坚忍不拔百折不挠的创业经历、精神值得我们每个人致敬、学习，有这样的精神，我们每个“凡人”也可以成就不平凡的人生。说得鸡汤点，人生如果不如意，应当学学范旭东，范旭东创业中遇到的艰难太多了，但都一一克服，很是励志和“正能量”。

除了这些意义，范旭东当然还有很多时代、现实意义。如他创办的“永久黄”开创了中国的化学工业，传承下来的企业至今在我国化学工业中依旧有着重要作用。还有范旭东突破国外技术封锁“自力更生”，在“贸易战”“卡脖子”的今天有着特别的现实意义，这个意义可能正如南京范旭东广场上的标语所写：“弘

---

① 劳人：《一个过来人所述的永利化学工业公司事迹》，《民营经济建设事业丛刊》第1册，1936年。

② 朱宗震：《黄炎培与近代中国的儒商》，广西师范大学出版社，2007年，第9页。

扬民族精神，凝聚中国力量”。

总而言之，范旭东有着重要的历史、现实意义，我们应当更多地了解、致敬、学习范旭东。可就像范旭东的外孙女林红所言①，今天很多人却不知道范旭东，范旭东被渐渐遗忘了，这无疑是很不应该的。愿这本《工业先导：范旭东》能让更多的人了解范旭东，范旭东当如旭日东升般照耀我们，如范旭东所言：“求自己进步的人群，应当是永生的。”②

当然，不应该被遗忘的企业家不止范旭东，张謇、卢作孚、荣家兄弟等上世纪为中国工业做出过巨大贡献的很多企业家都不应被人遗忘。如财经作家吴晓波所言：“在中国百年的变革史上，企业家阶层曾经最早把自己的命运与国家现代化紧密地结合起来。我们甚至可以得出这样的结论：当今中国所出现的进步和改革开放的浪潮，恰恰来源于中国企业家阶层以往获得并留存至今的经验，正是这些经验使得企业家阶层得以幸存。它们虽然不可能占据历史的支配地位，却可以使得历史的发展更加充满活力，更加生机盎然。”③

---

① 据雷晓宇文章《被遗忘的“重化工之父”》报道：林红在电话里再三拒绝采访，她说：“我现在走到上海大街上，问我的同龄人，你们知道自己吃的盐是怎么来的吗？没人知道，没人知道范旭东是谁。”

② 张高峰：《范旭东在苦海盐边创业纪实》，《天津文史资料》选辑第 23 辑，第 55 页。

③ 吴晓波：《跌宕一百年》，中信出版社，2014 年，第 6 页。

主要参考资料

著作：

《化工先导范旭东》，中国文史出版社，1987 年。

帅俊山、张鸿敏：《范旭东传——化学工业的先驱》，湖北人民出版社，2007 年。

赵津主编：《“永久黄”团体档案汇编——久大精盐公司专辑》，天津人民出版社，2010 年。

陈韶文、李祉川：《中国化学工业的先驱：范旭东、侯德榜传》，南开大学出版社，2021 年。

天津渤化永利化工股份有限公司：《范旭东文稿》，2014 年。

张能远：《血路烽烟范旭东》，团结出版社，2014 年。

张同义：《范旭东传》，湖南出版社，1987 年。

《范旭东：民族化工奠基人》，中国文史出版社，2019 年。

胡迅雷：《中国工业巨子范旭东》，中国青年出版社，1991 年。

赵津主编：《“永久黄”团体档案汇编——永利化学工业公司专辑》，天津人民出版社，2010 年。

李祉川、陈韶文：《侯德榜》，南开大学出版社，1990 年。

谭小冬编：《工业先导范旭东如是说》，中国纺织出版社，2021 年。

李玉：《企业先驱：范旭东大传》，中华工商联合出版社，1998 年。

莫玉：《范旭东——中国民族化工业奠基人》。中国财政经济出版社，2014 年。

李贵娟：《读懂民国商人》，团结出版社，2013 年。

傅国涌：《民国商人》，中国友谊出版公司，2016 年。

傅国涌：《大商人》，鹭江出版社，2016 年。

徐敦楷：《民国时期企业经营管理思想史》，武汉大学出版社，2014 年。

王建男：《民国商魂》，北方文艺出版社，2014 年。

余世存：《安身与立命》，北京联合出版公司，2016 年。

朱宗震：《黄炎培与近代中国的儒商》，广西师范大学出版社，2007 年。

文昊编：《民国的实业精英》，中国文史出版社，2013 年。

吴晓波：《跌宕一百年》，中信出版社，2014 年。

张定国：《两个中国人》，黑龙江人民出版社，2005 年。

罗一民：《开路先锋：张謇》，江苏人民出版社，2021 年。

南京化学工业《南化志》编委会：《南化志》，1994 年，第 415 页。

论文：

永利化工：《中国化学工业奠基人范旭东与“永久黄”团体》，《经营与管理》2018 年第期—2022 年第 3 期。

钟红丽、沈利成《民族工业传奇——永利铔厂》，《档案与建设》。

张定国：《范旭东：崛起于荒原的中国化工之父》，《名人传记》，2013 年第 4 期。

赵津、李健英：《重化工业时代政府功能的重新定位》，《南开学报》，2012 年第 2 期。

赵津、李健英：《大萧条时期范旭东的“实业救国”行动》，《江汉论坛》，2009 年第 6 期。

雷晓宇：《被遗忘的“重化工之父”》，《中国企业家》，2006年第7期。

张能远：《范旭东传略》，《民国档案》，1988年第1期。

朱华：《范旭东科学救国思想论》，《贵州社会科学》，2006年第5期。

陈运泽：《略谈范旭东办企业的经验》，天津师大学报，1993年第3期。

张综：《从科学家到企业家的一个典范——范旭东》，《河南大学学报》，1988年第3期。

袁森：《全面抗战时期民营工业企业研——以黄海化学工业研究社为中心》，《抗日战争研究》，2021年第2期。

叶建华：《“大厂”传奇，功在中华》，《化工管理》，2017年第4期。

后　记

其实，刚开始接到这本书稿写作邀请时，我有些犹豫，因为我最近几年都在忙于自媒体写作，我公众号文章的阅读量动辄破万，而辛辛苦苦花个一两年时间写本书却没多少人看，何必呢？但后来还是答应了邀请，写这本书，因为范旭东离我很近，对我很有“诱惑”。

我现在工作、生活的地方离南化公司不远，而南化公司的前身就是范旭东创建的永利硫酸铵厂。因为永利硫酸铵厂当年被称为“远东第一大厂”，所以此地因厂设镇，原来的“卸甲甸”威名逐渐被“大厂”代替。此地后来曾被设为大厂区，现在为江北新区大厂街道。

在大厂街道，有着很多范旭东的“影子”，如范旭东广场、旭东中学、旭东路等等。曾经的荒凉农村如今因为范旭东已成为南京重要的化工、钢铁、电力等工业基地，素有“中国化工摇篮”之称。因此，我来此地工作、生活后，就一直对范旭东感到好奇，他到底是个怎样的人，他为何能创建如此伟业？虽然我对范旭东也像本地人一样略为知道一些，但详细情况其实并不清楚，于是我便想借这本书的写作来好好地了解下范旭东。

随着这本书的写作，随着我对范旭东的了解越来越多，我对范旭东也越来越惊讶、敬佩，他做的事太多了，他遇到的困难也太多了，他的确太了不起了。尤其是范旭东坚忍不拔百折不挠的创业精神让我肃然起敬和深受激励，包括在这本书写作中遇到困难想放弃时，我就在想，范旭东遇到那么多艰难都没有放弃，为什么我却轻易放弃呢，于是便有了动力继续写作。在写作过程中，我也特意突出描绘了范旭东的这种创业精神，重在书写范旭东创业过程中遇到的艰难及他如何克服。说得轻浮点，范旭东的创业史其实就是“打怪史”，打掉、消灭创业路上的一个又一个“鬼怪”、障碍。

另外在写作中，本书首先注重史料来源的可靠、扎实，搜集、阅读了网上线下几乎所有能找到的相关资料，保证本书中的几乎每句话都有来源。我还比较注重本书的可读性，以及本书内容的历史背景、现实意义，尽量让此书在深度、广度、精彩程度方面多些。

感谢凤凰出版传媒集团副总编辑王振羽对本书作者的邀约，感谢南化公司宣传部部长谭晶提供一些材料，感谢《血路烽烟范旭东》作者张能远对本书提出宝贵意见尤其是提供了一些珍贵照片。另外，需要说明和感谢的是，本书中不少插图来自永利化工发表在《经营与管理》杂志上的文章《中国化学工业奠基人范旭东与“永久黄”团体》。其他图片大多来自网上，就不一一注明和感谢了。

当然，因为时间比较仓促，本书也有很多不足，如未能前往范旭东家乡湘阴和天津塘沽去更多地了解范旭东，本书的内容不是太丰富、具体，以及可能有些史料、专业知识方面的错误，还请各位专家、读者多多批评指教！

对于我而言，这本书只是了解范旭东及当年其他企业家等先贤的开始，也愿这本书有助于大家更多地了解他们。今天来之不易，我们不应忘记他们的贡献、艰辛，他们报国无私艰苦奋斗的精神尤其值得我们今天传承、学习。